ZUKAI NANKA HENNA IKIMONO
Copyright © Watari Numagasa, 2017
Supervision:Kensuke Nakata
All rights reserved.
Original Japanese edition published by Kobunsha Co., Ltd.
Korean translation rights arranged with Kobunsha Co., Ltd. through BC Agency, Seoul.
Korean edition copyright © 2018 by Mirae N Co., Ltd.

이 책은 BC 에이전시를 통해 일본의 Kobunsha Co., Ltd.와 독점 계약하여 한국어판 출판권이 ㈜미래엔에 있습니다.
저작권법에 의해 한국 내에서 보호를 받는 저작물이므로 무단 전재와 복제를 금합니다.

Original Japanese edition designed by Akane Sakagawa (krran)

동물들의 괴이한 습성에 대한 모든 것

충/격/주/의

왠지 이상한 동물도감

글·그림 **누마가사 와타리**
번역 신은주 | 감수 황보연

Mirae N 아이세움

머리말

우아!(인사) 여러분 안녕하세요. 주로 인터넷에 그림과 만화를 그려 올리는 누마가사 와타리입니다. '누마가사'라는 이름으로 트위터와 블로그에서 발표했던 '동물도감' 시리즈를 이번에 한 권의 책으로 정리했습니다! 우아! 제가 옛날부터 좋아했던 새나 상어 등 많은 동물들의 이야기를 가득 모아 이런 자유로운 도감을 만들었습니다. 이 책이 동물을 좋아하는 사람뿐 아니라, 그다지 관심이 없던 사람에게도 이상하고 혹독한 동물의 세계에 발을 들여놓는 계기가 된다면, 그것만큼 기쁜 일은 없을 것입니다. 어서 오세요. 왠지 이상한 동물 세계에…….

제 1 장 하늘을 나는 동물 3
때까치 | 쇠딱따구리 | 딱새 | 물총새 | 가면올빼미 | 수리부엉이 | 카카포
칼럼 1 이 책에 싣고 싶었던 하늘을 나는 동물들 18

제 2 장 물에 사는 동물 19
문어 | 뱀장어 | 작은보호탑해파리 | 파란갯민숭달팽이 | 오리너구리 | 황제펭귄과 북극곰 | 주름상어 | 넓은주둥이상어 | 붉은개복치 | 그린란드상어 | 대왕오징어 | 심해 등각류
칼럼 2 이 책에 싣고 싶었던 물에 사는 동물들 48

제 3 장 우리 주변의 동물 49
닭 | 집비둘기 | 칠면조 | 박새 | 박쥐 | 도마뱀붙이 | 미국너구리
칼럼 3 이 책에 싣고 싶었던 우리 주변의 동물들 64

제 4 장 무서운(?) 동물 65
늑대 | 불곰 | 고릴라 | 백상아리 | 곰치 | 코모도왕도마뱀 | 넓적부리황새 | 벌거숭이두더지쥐
칼럼 4 이 책에 싣고 싶었던 무서운(?) 동물들 82

제 5 장 이상한 벌레 83
털보말벌 | 깡충거미 | 에메랄드 느쟁이벌 | 붉은불개미 | 완보동물

맺음말 94 참고 문헌 94

제 1 장
하늘을 나는 동물

1 하늘을 나는 동물

도감 | 가을을 알리는 사냥꾼 때까치

영어로는 'Shrike'!
배고파!

외국에 사는 색이 다른 때까치.

독일에서는 '목을 졸라 죽이는 천사'라고 불린다.

꿱

옛날 사형 집행인 같은 때까치의 잔혹한 습성 때문에 이런 무서운 별명이 붙었다. (자세한 것은 다음 장에!)

참새보다 쪼끔 더 큰 작은 새이지만 육식!

매를 닮은 갈고리 모양 부리와 날카로운 발톱으로 벌레나 작은 동물을 사냥해 먹는다.

다른 새의 흉내를 잘 낸다.

키이키이!

흉내를 잘 내는 수컷일수록 인기가 있다.

가을이 되면 높은 곳에서 큰 소리로 울며 서식지 싸움을 한다!

그리고 혼자서 겨울을 보낸다. 무정하고 고고한 새, 때까치!

환경 변화에 민감한 새로, 때까치의 알 크기를 관찰하여 생태계의 변화를 살피기도 한다.

콩 먹고 싶어.

그다지 고고하지 않은 새들.

밥 먹을 기분 아니야!

예민한 때까치.

4

때까치의 꼬치 요리

이런 작은 동물이나 벌레가 뾰족한 가지나 꼬챙이에 꽂혀 있다면? 분명 때까치의 소행! 이 습성을 '먹이 꽂이'라고 해!

※ 너무 잔인해서 순화시킨 그림.

약간 크다 싶은 동물이나 딱딱한 곤충도 능숙하게 꽂아 버리지! 때까치의 힘과 영리함을 짐작할 수 있어.

먹이 꽂이를 하는 이유는 아직 밝혀지지 않았어.
① 나중에 먹기 위해 남겨 둔 것이라는 설.
② 먹이가 부족할 때를 대비해 저장한 것이라는 설.
③ 가지에 꽂으면 먹기 쉬워서 그렇다는 설.
④ 본능일 뿐 특별한 의미는 없다는 설.

여러 가설이 있지만 아직까지 답은 알 수 없어. 아무튼, 비밀이 많은 때까치는 올해도 깊어지는 가을을 알리겠지.

1 하늘을 나는 동물

도감 숲속의 작은 드러머 쇠딱따구리

우리나라에서 가장 작은 딱따구리!
의외로 가까운 곳에 있을지 모르니까 찾아보자.
날카로운 부리로 나무를 콕콕 찔러서 숨어 있는 벌레를 찾아 먹는다!

벌레가 틈새에 숨어도 쉽게 끄집어낼 수 있다!

끼익!

어디선가 문이 삐걱대는 것 같은 울음소리가 들린다면, 그건 쇠딱따구리가 내는 소리이다.

에이, 잘 숨었는데!

벌레

쇠딱따구리 깃털.

갈색 바탕에 흰 얼룩무늬가 있어서 나무껍질과 구별이 어렵다.

쇠딱따구리 발.

뒤쪽 발가락이 하나뿐인 작은 산새들과 달리, 뒤쪽 발가락이 두 개 있어서 나무를 꽉 붙잡아 수직으로 이동할 수 있다!

다른 작은 새들과 함께 무리 지어 다니기도 하는데, 이런 무리를 '혼성군'이라고 한다.

쇠딱따구리 꼬리깃.

저희 혼성 그룹 멤버를 소개합니다!

박새 동박새 오목눈이

크고 뻣뻣한 꼬리깃! 양다리와 꼬리깃으로 균형을 잡는데, 몸을 지탱하는 기술이 뛰어나다!

물총새 님의 위대한 사랑

번식기(초봄에서 여름까지)가 되면 물총새 님은 구애 행동을 시작해.

수컷 / 암컷
아래쪽 부리가 검은색 / 주황색

아름다운 소리를 내며 울기도 하고 우아하게 빙글빙글 날기도 하면서 암컷 물총새와 수컷 물총새 님이 서로에게 다가가지.

물총새 님의 우아한 애정 표현을 가장 잘 보여 주는 것이 바로 '먹이 구애'! 수컷이 암컷에게 물고기를 잡아다 주는 행동이야.

암컷이 물고기를 받으면 드디어 커플 성립!

으악!

♥HAPPY♥
으악!

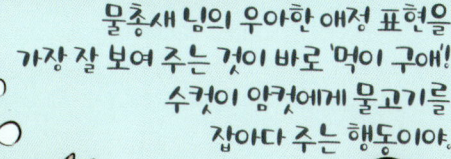

자기 몸집과 비슷한 크기의 물고기를 상대방에게 내민다고 해. 물총새 님의 입장에서는 야성적이고 멋진 구애 행동……

사람으로 따지자면 참치를 선물하는 것과 같다고나 할까?

아, 이 얼마나 크고 아름다운 참사랑인가……? 물총새 님의 위대함에 그저 감탄할 뿐!

받아 줘!

프로포즈용 참치

한창은 인간들의 궁상맞은 애정 표현.

아아♥

심하게 소소함.

서로 양보하는 사이좋은 형제

최근 연구에 따르면, 가면올빼미의 새끼는 형제끼리 서로 먹이를 양보하는 습성이 있다는 것이 밝혀졌어.

먹기 딱 좋게 손질된 쥐돌이 씨.

부모 새가 먹이를 갖고 오면 새끼들은 먼저 먹으려고 다투……지 않고, 각자의 배고픔 정도를 울음소리로 표현하면서 일종의 회의를 해.

키. (배고파.)

키키. (정말 배고파.)

캬캬캬! (못 먹으면 죽을 것 같아!)

정말로?

그리고 배고픔 정도가 가장 심한 형제에게 먹이를 양보해. 새에게서는 찾아보기 힘든 습성이지. 하지만 쓸데없는 체력 낭비를 막을 수 있는 매우 현명한 행동이야!

어서 먹어.

어서 먹어.

다들 고마워.

다음은 내 차례야!

우물 우물

'숲의 현자'라는 별명이 괜히 붙은 것은 아닌 듯.

주르륵

1 하늘을 나는 동물

도감

육식을 하는 대현자
수리부엉이

세계에서 가장 큰 부엉이!
날개를 펼치면 크기가 2m에 가깝다!

학명은 'Bubo bubo'.
귀처럼 생긴 '귀깃'이 있는 새가 부엉이, 귀깃이 없는 새가 올빼미이다. 하지만 영어로는 올빼미와 부엉이 둘 다 'OWL'이다.

우리는 아울!
A.K.A 귀깃부엉이
A.K.A 부엉올빼미

부엉이와 올빼미는 생김새 외에는 큰 차이가 없다.

일부 부엉이들은 (뼈나 털 등) 소화되지 않는 것을 뭉쳐서 토하는 습성이 있다. 그렇게 토해낸 것을 '펠릿(Pellet)'이라고 하는데, 새의 식생활을 알 수 있는 중요한 단서이다. 퉤

↑ 소화되지 않은 쥐돌이 씨의 일부.

생물이라면 무엇이든 먹는다!

쥐는 물론이고,

토끼 고양이

여우 양

박쥐

고슴도치 백로

갈매기

독수리 뭐?

게다가 다른 부엉이까지 잡아먹는다고 알려져 있다!

이렇게나 다양한 먹이를 즐기는 조류는 매우 드물다고 한다.

진짜야?
신하게 두려워하는 K의 부엉올빼미.

춤추듯 내려앉은 '후카야'

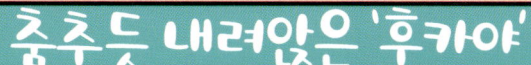

2007년 핀란드의 헬싱키라는 도시에서 열린 핀란드 대 벨기에의 축구 경기 중, 갑자기 나타난 커다란 수리부엉이가 경기장에 내려앉았어! 경기는 일단 중지되었지······

사람을 두려워하지 않는 수리부엉이는 유유히 경기장을 돌면서, 태평하게 양 팀의 골대 위에 앉기도 했어. 한창 응원 중이던 관중들은 신기해하며 "후카야(핀란드어로 수리부엉이)"라고 크게 외쳤어. 하지만 수리부엉이는 아랑곳 않는 모습이었지.

엄격한 심판도 얼떨결에 피식 웃었어.

후카야! 후카야! 후카야! 우아아 후카야! 이아

잠시 뒤, 수리부엉이는 나타났을 때처럼 느긋하게 날아 경기장을 떠나갔어.

그러고 나서 핀란드가 2골을 넣어 승리했고, 수리부엉이는 행운의 마스코트가 되었지. 그 뒤로 사람들은 핀란드 축구 대표팀을 '후카야'라고 부르게 되었다고 해.

나중에 그 수리부엉이가 시내에 살고 있다는 것이 밝혀졌고, 사람들은 '부비'라고 이름도 지어 주었어. 부비는 헬싱키 시민상까지 받았대.

1 하늘을 나는 동물

도감 — 밤은 짧아, 걸어! 카카포

세계에서 유일하게 '날지 못하는 앵무새'! '올빼미 앵무'라고도 한다. 뉴질랜드가 사랑하는 새이지만 **멸종** 위기에 놓여 있다!

세계에서 가장 무거운 앵무새, 닭 두세마리 정도의 무게다.

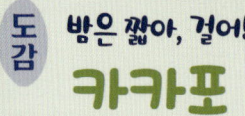

'Kakapo'는 뉴질랜드 마오리족 말로 '밤의 앵무새'라는 뜻. 이름 그대로, 야행성으로 밤에는 혼자 숲을 떠돈다.

발달한 후각으로 먹이를 잘 찾아낸다.

주로 먹는 것은 나무 열매 같은 것들. 특히 빨간 리무나무 열매를 좋아한다.

카카포에 대한 짧은 지식

날개는 퇴화해서 작다! 나무에서 뛰어내릴 때만 날개를 쓴다.

몸이 초록색이어서 나무나 풀 사이에 잘 숨을 수 있다.

하스트독수리가 날개를 펼치면 3m 정도 됐다.

옛날에 살았던 몸집이 큰 독수리로부터 몸을 숨기기 위해 보호색을 띠게 되었을 것이다. (야행성이 된 것도 그 때문.)

장수하는 새! 90년 이상 살기도? 가장 오래 사는 새 중 하나.

몸에서 독특한 향기가 난다.

프리지아나 벌꿀 냄새랑 비슷. 진짜? 벌꿀

사람과 친숙하다! 사람의 머리와 교미를 시도하기도…… 으악 악!

카카포는 '레크(Lek)'라고 하는 독특한 집회를 열어 번식한다. 밤에 수컷들이 탁 트인 언덕에 모여 일종의 나이트클럽을 여는 것이다.

각자가 판 구멍 속에서 몇 km 밖까지 울리는 낮은 소리를 내어 암컷을 부른다. 붐! 붐! 멋져!

몸을 풍선처럼 잔뜩 부풀린다.

*하스트독수리: 뉴질랜드에 살던 맹금류. 지금은 멸종되었다.

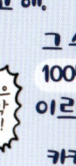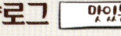

1 하늘을 나는 동물

칼럼 1   이 책에 싣고 싶었던 하늘을 나는 동물들

'지구에서 가장 빠른 새'로 알려진 맹금류, 매!
먹이를 향해서 날아 내려오는 속도는 고속철도보다 빠른 시속 390km!
옛날부터 다양한 신화와 전해 내려오는 이야기에 등장해 동경 어린 시선을 받으며 최고로 멋진 모습을 뽐내던 사냥꾼 매! 였지만, 최근 DNA 조사에서 수리목보다는 앵무새나 참새에 가까운 종류라는 것이 밝혀졌다!
그런 사실이 또 다른 매력을 느끼게 하기는 하지만…….

'세상에서 가장 똑똑한 새'라는 말을 듣는 앵무과의 새, 회색앵무!
사람의 말을 흉내 낼 뿐 아니라 숫자나 색, 형태 등 추상적인 개념까지 이해할 수 있다고 한다.
네다섯 살 아이 정도의 지능을 가지고 있지만…….
지혜롭고 사랑스러운 새라는 이유로 고향인 아프리카에서 마구잡이로 잡히고 있다. 세상에서 가장 똑똑한 새가 지구에서 모습을 감추는 일이 없도록 우리 모두 눈을 떼지 말자.

조류 중에서 가장 작은 몸집을 가진 귀여운 새, 벌새!
엄청나게 빠른 속도로 날갯짓을 해서 공중에 멈춰 있는 멋진 '정지 비행' 기술을 펼친다.
헬리콥터처럼 자유롭게 날아다니면서, 공중에 떠 있는 채로 꽃의 꿀을 빨아 먹을 수 있다! 그러나 뛰어난 운동 능력을 위해서는 그만큼 큰 대가가 따르는 법!
칼로리가 무지하게 높은 '꽃의 꿀'을 먹어야 하는 까다로운 식성을 가지고 있다.

제 2 장
물에 사는 동물

최고의 달리기 선수, 문어

문어는 '가장 똑똑한 무척추동물'이라고 불려! 무척추동물들 중 가장 많은 신경 세포(약 5억 개)를 가지고 있어서, 학습 능력이 보통의 새들보다 뛰어나다고 해.

문어는 사람 얼굴도 구별할 수 있어.

수족관에서도 '먹이를 준다'고 인식한 사람에게는 기쁘게 다가가지만,

적이라고 인식한 사람에게는 물을 뿜어.

더 놀라운 것은, 문어의 문제 해결 능력!

병뚜껑을 열고 탈출!

게가 들어 있는 병을 연다!

다른 문어의 행동을 보고 뚜껑 여는 법을 배운다!

문어가 가진 약 5억 개의 신경 세포 중 약 3억 개가 다리(촉수)에 모여 있다고 해. 그러니까 문어 다리는 '지능이 있는' 다리인 거지! 다리, 즉 '9개의 뇌'를 인터넷처럼 분산시켜서 많은 정보를 처리하는 거야.

몸을 보호하는 단단한 껍질도 없고, 동료들과 무리 지어 다니지도 않는 고고한 문어가 혹독한 경쟁 세계 '바다'에서 살아남기 위해 몇 억 년에 걸쳐서 얻은 가장 큰 무기! 그것이 바로 매우 뛰어난 '지능'이야.

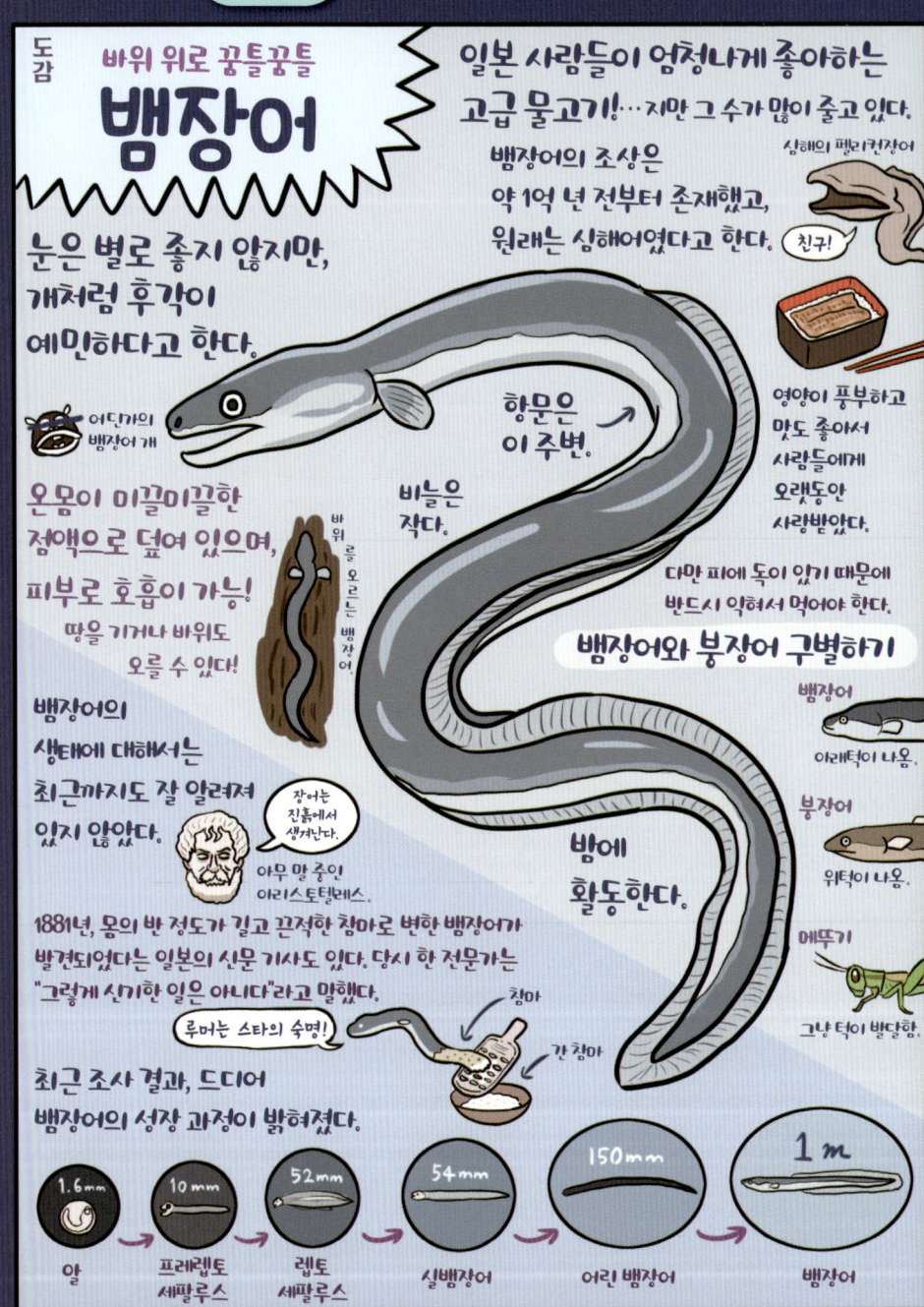

뱀장어여, 영원하라!

뱀장어가 알을 낳는 곳은 오랫동안 알려지지 않았어. 하지만 최근 연구로 태평양 바다에 있는 마리아나 해구*의 해저 산맥*에 알을 낳는다는 것을 밝혀냈지!

4월에서 8월 사이, 3,000km를 이동한 많은 뱀장어가 모여서 알을 낳아. 그리고 쿠로시오 해류*를 타고 살던 곳으로 돌아오지. 이것이 그동안 가려져 있던 뱀장어의 습성이야.

이런 뱀장어의 어획량이 최근 몇 십 년 동안 크게 줄어들더니, 결국 2013년에 일본에서 '멸종 위기 종'으로 지정되고 말았어.

뱀장어를 마구 잡아들인 데다가, 수질 오염, 하천 환경 악화 등이 겹쳐서 뱀장어의 숫자가 엄청나게 줄어들고 만 거야.

일본에서는 시장에 나오는 뱀장어의 약 절반이 불법 거래를 통해 나온다는 검은 소문이 돌기도 해.

지금 유통되고 있는 뱀장어는 대부분 양식으로 기른 것이지만, 양식이라 해도 원래는 자연에 살던 실뱀장어를 잡아서 기른 거야. 자연에 사는 뱀장어가 줄어들면 양식 뱀장어도 먹을 수 없게 되겠지!

뱀장어를 인공적으로 부화시키는 '완전 양식'에 대한 연구도 진행되고 있지만, 널리 사용되기까지는 아직 멀었거든.

사랑스럽고, 신비하고, 또 맛있는 뱀장어가 이 세상에서 사라지는 일이 없도록, 지금이 어떤 상황인지를 잘 알고 있어야겠어.

*마리아나 해구: 태평양 북쪽에 위치한 바다 밑바닥이 매우 깊게 파인 장소.
*해저 산맥: 깊은 바다의 바닥이 산맥 모양으로 솟아 있는 곳.
*쿠로시오 해류: 태평양에서 일본 남쪽을 향해 움직이는 바닷물의 흐름.

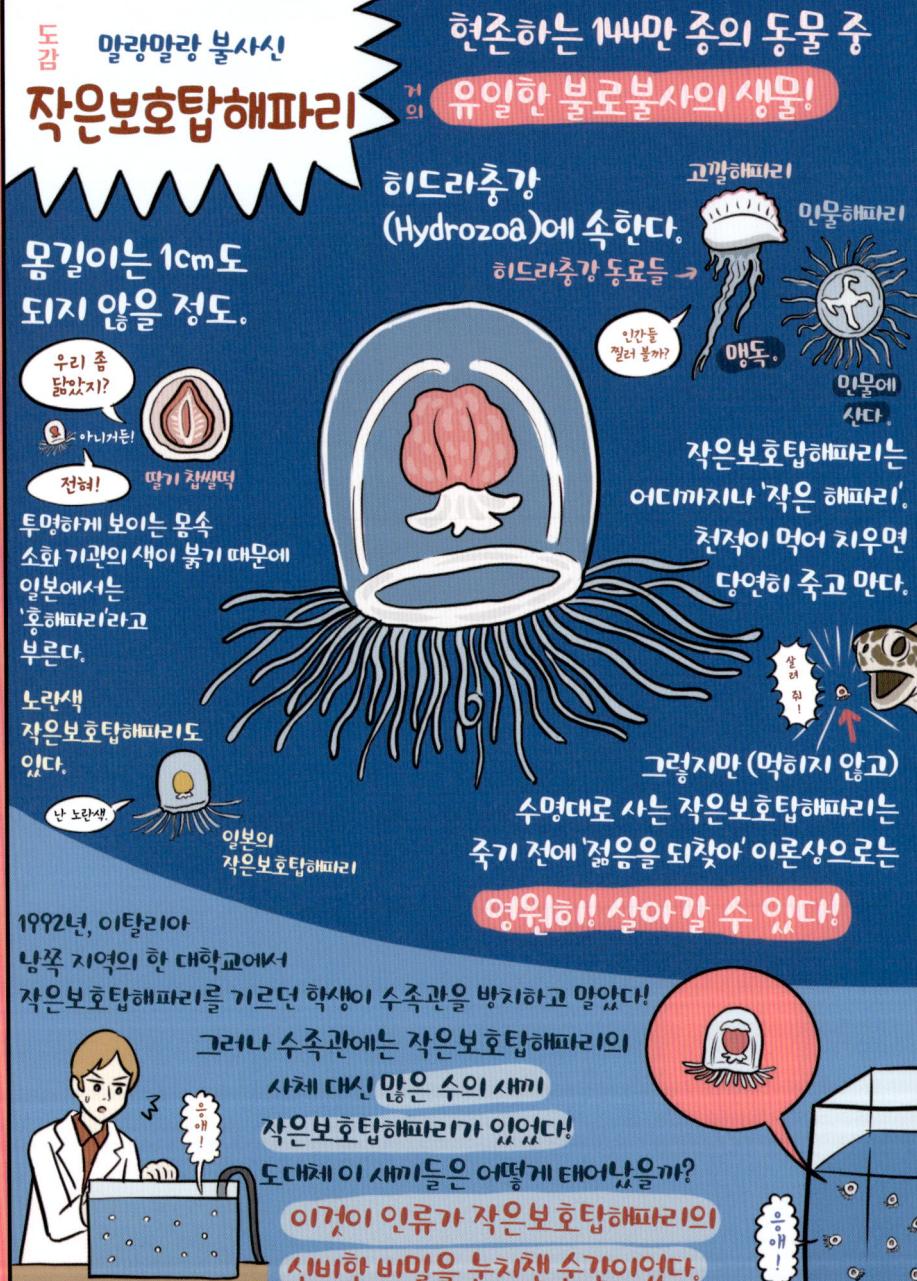

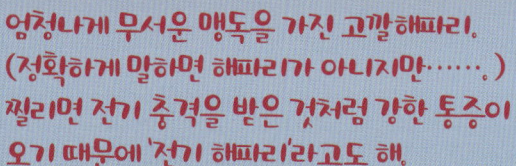

살인 해파리 킬러, 그래서 천사!

엄청나게 무서운 맹독을 가진 고깔해파리.
(정확하게 말하면 해파리가 아니지만……)
찔리면 전기 충격을 받은 것처럼 강한 통증이
오기 때문에 '전기 해파리'라고도 해.

꺅!

찔린 사람이 죽은 적도 있는,
이 세상에서 가장 위험한
독을 품은 생물 중 하나!
(코브라 독성의 약 75% 정도.)

훌륭한 녀석이군.
코브라

으아악!

우적
우적

그렇지만 그런 고깔해파리의 맹독도
파란갯민숭달팽이 앞에서는 소용없어! 파란갯민숭달팽이가
우적우적 탐욕스럽게 먹어 치워 버리거든.
푸른우산관해파리라는 또 다른
독있는 해파리도 태연하게
먹어 버리지.

정말?

게다가 해파리를 먹고 섭취한 독을
몸속에 저장해서 자기 몸을 지키기 위해 사용하기까지 해!
예뻐 보인다고 함부로 촉수를 만지면 절대 안 돼!

2017년 2월, 폭염이 한창이던
오스트레일리아의 한 해변에 갑자기
파란갯민숭달팽이가 대량 출몰!

무심코 파란갯민숭달팽이와 닿은 여러
사람이 독 피해를 입었지.

아름다운 것에는 독이 있는 법!
이것은 땅과 바다 양쪽 모두를 지배하는
법칙인 모양이야.

공포의 맹독 해변

그들이 온다!

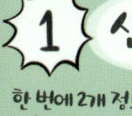

2 물에 사는 동물

혹독! 극한 육아! 황제펭귄

START 황제펭귄들은 3월, 4월이 되면 바다를 떠나, 마치 미리 의논한 것처럼 먼 내륙의 번식지로 향한다.

축하해! 새끼가 태어났다!

때로는 그 여정이 150km에 이를 정도로 아주 험난하다.

힘이 다해서 죽음!

눈을 먹어서 수분을 보충한다.

추위서 죽거나, 배고파서 죽음

드디어 번식지에 도착! 우리 결혼했어요!

몸을 바짝 붙여 눈보라를 이겨 내자!

남극은 무려 영하 60도!

알이 얼어 버렸다!

축하, 축하! 알이 태어났다. 하나뿐인 소중한 알!

출산 후 암컷은 바다에 먹이를 구하러 간다. 뒤뚱 뒤뚱 몸조심해.

알을 따뜻하게 품는 일은 수컷의 임무! 배에 알을 품을 수 있는 공간이 있다. 황제펭귄은 둥지가 없기 때문에 얼음 위에 계속 서 있어야만 한다.

2 물에 사는 동물

도감 정체불명 심해어
주름상어

3억 7,000만 년 전 살았던 고대 원시 상어 '클라도셀라케'와 비슷한 특징이 있어서 '살아 있는 화석'으로 불린다.

클라도셀라케 선배

나다!

깊은 바다에 사는 수수께끼투성이의 상어! 생긴 건 무섭지만, 곱게 짠 천처럼 매끈매끈한 피부를 갖고 있다.

비법 좀 알려 줘.

전장*은 2m에 달하고, 자기 몸길이의 절반 정도 되는 먹이도 꿀꺽 삼킬 수 있다!

전설 속 생물로 알려진 '시 서펜트'의 정체가 주름상어라는 설도 있다.

입안에는 바늘처럼 뾰족뾰족한 이가 빽빽하게 늘어서 있다. 오징어 같은 것을 떠 먹기 딱 좋은 원시적인 이빨!

특이하게 생긴 주름 모양 아가미로 심해에서도 효율적으로 산소를 흡식. 프릴 장식 같은 아가미 모양 때문에 영어로 'Frilled shark'(프릴 달린 상어)라고 한다.

영화 <신 고질라>의 고질라는 주름상어를 보고 만든 것이라고 한다!

내 아빠라고?

대스타 고질라   주름상어

아빠는 아니야……

아가미가 6줄 있는 것도 원시 상어의 특징! (보통은 5줄.)

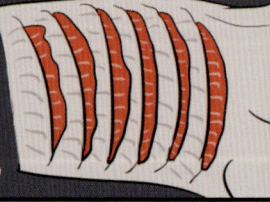

*전장: 물고기의 주둥이 앞쪽에서 꼬리지느러미 끝쪽까지의 길이. 몸길이는 전장에서 꼬리지느러미를 제외한 길이를 말한다.

36

2 물에 사는 동물

도감 - 살아 있는 동굴
넓은주둥이상어

물고기와 관련된 20세기 최대 발견! 바로 수수께끼투성이의 거대 심해 상어!

그 이름처럼 큰 입(영어로는 'Megamouth Shark')을 가졌다.

게스트: 심해에 사는 주름상어 친구.

"별로 친하지는 않아."

전장 5~7m
몸무게 1.2톤 이상!
수심 20~1,500m에 산다.

말랑말랑하고 부드러운 거대한 몸으로 천천히 헤엄친다.

입에는 작은 이빨이 잔뜩 늘어서 있다.

이빨 크기는 6~7mm 정도.

이빨 화석은 매우 귀한데 최근 일본과 우리나라에서도 발견되었다.
1,000만~300만 년 전의 것.

꼬리 지느러미가 엄청나게 길다.

주의 - 헷갈리기 쉬운 생물

메가마우스 - 악의 조직이 만든 상어 개조 로봇 쥐. 레이저 광선으로 침입자를 쏘아 부순다.

오메가마우스 - 전투력을 극한까지 높이 실험 쥐. 자신을 만든 조직에게 복수를 위해 살아간다.

여과 섭식자 (Filter feeder)*

넓은주둥이상어는 해수를 '여과'해서 플랑크톤을 먹는 아주 별난 상어이다.

아가미로 바닷물을 내보낸다.

많은 바닷물을 마시면서 크릴, 작은 새우, 해파리 등을 여과해 먹는다.

그 외에 바닷물을 여과해 먹는 상어는 고래상어와 돌묵상어뿐.

"한 잔 할래?" "그래!"

넓은주둥이상어는 발견된 개체 수가 너무나 적어서 아직도 밝혀지지 않은 부분이 많다.

"아무튼 맛은 없는 듯."

"물이 너무 많아서 맛없어." "먹지 마."

넓은주둥이상어 튀김.

*여과 섭식자: 물을 마시면서 물속에 들어 있는 플랑크톤 등을 걸러서 먹고 물은 밖으로 내보내는 동물.

넓은주둥이상어, 또 다른 만남

넓은주둥이상어가 처음 발견된 곳은 1976년 하와이의 오아후 섬 쪽 먼 바다! (처음 발견된 뒤, 아직 40년 정도 밖에 되지 않았어.)

1984년 미국 캘리포니아. 넓은주둥이상어의 두 번째 발견!

그 이후에도 해마다 몇 번 더 발견되었지만, 지금까지도 세계에서 60번 정도 밖에 발견되지 않았다고 해.

드물게 해안에 떠오른 적도 있어.

그야말로 '환상의 상어'라고 불릴 만한 희귀함!

그렇지만 2017년 5월! 웬일인지 일본에서 넓은주둥이상어가 연달아 2마리나 발견되었어! (5월 22일 치바 현, 같은 달 26일 미에 현에서 발견.)

엄청난 일이에요!

하 하 하

기뻐하는 일본 해양 생물학자.

5월 22일 치바 현 타테야마 만

5월 26일 미에 현 구마노나다

이렇게 짧은 기간에 2마리나 잇따라 발견되는 일은 정말 드물어. 수온 상승과 관련이 있을 가능성이 높다고 해.

같은 해 4월 초, 줄무늬상어가 촬영 중이던 일본 아이돌 가수 '토키오'에게 잡히기도 했어. ⓒ도쿄맘

심해어의 출현을 지진과 관련짓기도 하지만, 과학적인 근거는 **없어!** ← 응원 나온  홍게.

먹지 마세요.

안 먹어!

게는 먹어.

안타깝게도 치바 현에서 발견된 넓은주둥이상어는 얼마 안 돼 죽고 말았지만, 미에 현의 넓은주둥이상어는 혈액(귀중한 연구 재료!)을 채취한 후 풀려나 느긋하게 바다로 돌아갔다고 해.

1년에 두 번 발견했다면, 세 번도 발견할 수 있을 거야.

오늘도 아주 가까운 바다에 이렇게 거대하고 신비로운 생물이 헤엄치고 있다고 생각해 봐. 가슴이 두근두근할 거야. 또 발견될 날까지 즐겁게 기다려 보자.

바다로 돌아간 건가?

나는 돌아갈 집이 없는데……

아직도 있었냐?

차가운 바다의 뜨거운 심장

보통 어류는 변온 동물*이라서 (포유류나 조류와 달리) 체온을 일정하게 유지할 수 없어. 예외적으로 참치와 백상아리가 체온을 높게 유지하는 '열 교환 시스템'을 몸통 근육 주변에 갖고 있을 뿐. 그렇지만 근육과 그 주위만 따뜻하게 할 수 있어. 아가미 근처에 있는 심장은 차갑다고 해. 몸 전체를 따뜻하게 만들지는 못하는 거지.

아가미로 산소가 들어올 때 열이 물속으로 날아가 버려. 그렇기 때문에 차가운 심해에 오래 있을 수 없어.*

한편, 붉은개복치는 '열 교환 시스템'이 상어나 참치와는 달리 아가미 바로 안쪽에 있어! 그렇기 때문에 심장을 따뜻한 상태로 유지할 수 있지.

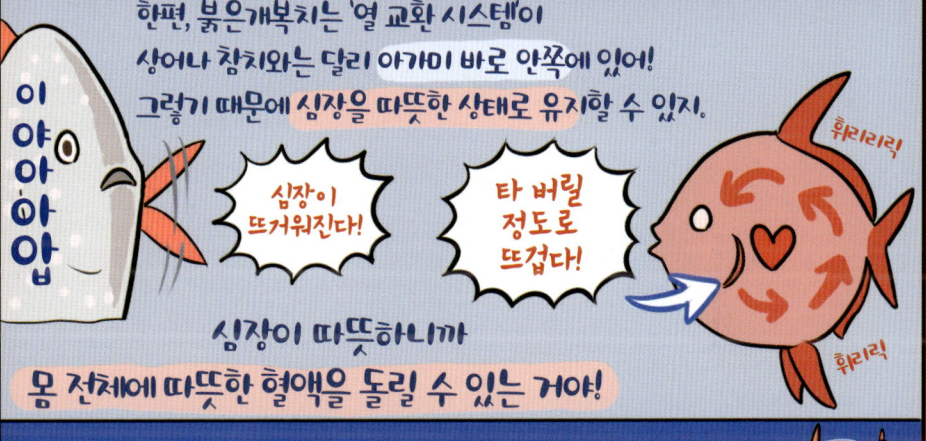

심장이 따뜻하니까 몸 전체에 따뜻한 혈액을 돌릴 수 있는 거야!

붉은개복치는 체온이 높기 때문에 차가운 심해에서도 빠르게 헤엄칠 수 있다고 알려져 있어. (오징어처럼 재빠른 먹이도 사냥 가능!)

'차가운 심장을 가진 차가운 몸', 이것은 어류라면 벗어날 수 없는 자연의 법칙이었지. 그 상식을 완전히 바꾼 너무나도 뜨거운 존재로서 붉은개복치는 앞으로도 주목받을 거야!

* 변온 동물: 체온을 조절하는 능력이 없는 동물로, 바깥 온도에 따라서 체온이 변한다. 이와는 다르게 정온 동물은 체온을 일정하고 따뜻하게 유지할 수 있다.
*변온 동물은 추운 곳에 오래 있으면 움직임이 둔해지고, 목숨을 잃을 수도 있다.

400년을 사는 장수 동물

그린란드상어가 오래 산다고 알려져 있긴 하지만, 무려 400년이나 산 엄청난 녀석이 발견되었어! 척추동물 가운데에서는 단연 수명 랭킹 1위! (그린란드상어가 나타나기 전까지 가장 오래 산 척추동물은 211살인 북극고래.)

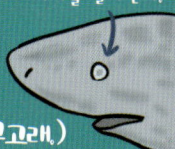
눈의 수정체로 나이를 알아낸다.

또 무척추동물까지 포함한 모든 동물 중에서는 2위! 1위는 507살인 아이슬란드 조개.

분한 표정의 북극고래. / 아깝다!

제법이네. / 대인배.

400살의 그린란드상어가 태어났을 때*... / 나는 그린란드상어! / 뭐든지 바로 먹죠!

일본의 장군 도쿠가와 이에야스 사망. (1616)
독일 30년 전쟁 일어남. (1618)
필그림 파더스* 북아메리카 도착. (1620)

그런가 / 제2차 프라하 창문 밖 투척 사건 / 으악! / 무서워! / 북아메리카 / 메이플라워 호 / 영국 / 신기해!

영하 1도인 북극해의 온도에 적응해서 그런지, 그린란드상어의 물질대사*는 굉장히 느려. 그래서 1년에 불과 1cm 정도 자란다고 해. 아주 긴 시간을 들여서 천천히 성장하는 거야. (500살까지 살 수도 있대.)

아찔할 정도로 긴 시간을 얼어붙은 바다에서 고독하게 살아가는 그린란드상어…… 그 탁한 눈에는 무엇이 비치고 있을까?

추워. / 400년 후

……. / …….

*1618년 우리나라 조선에서는 광해군이 의붓어머니인 인목대비를 폐위했다.
*필그림 파더스: 북아메리카에 정착한 영국의 이주민들.
*물질대사: 생명 유지를 위해 영양분을 흡수하고 필요 없는 물질은 몸 밖으로 내보내는 일.

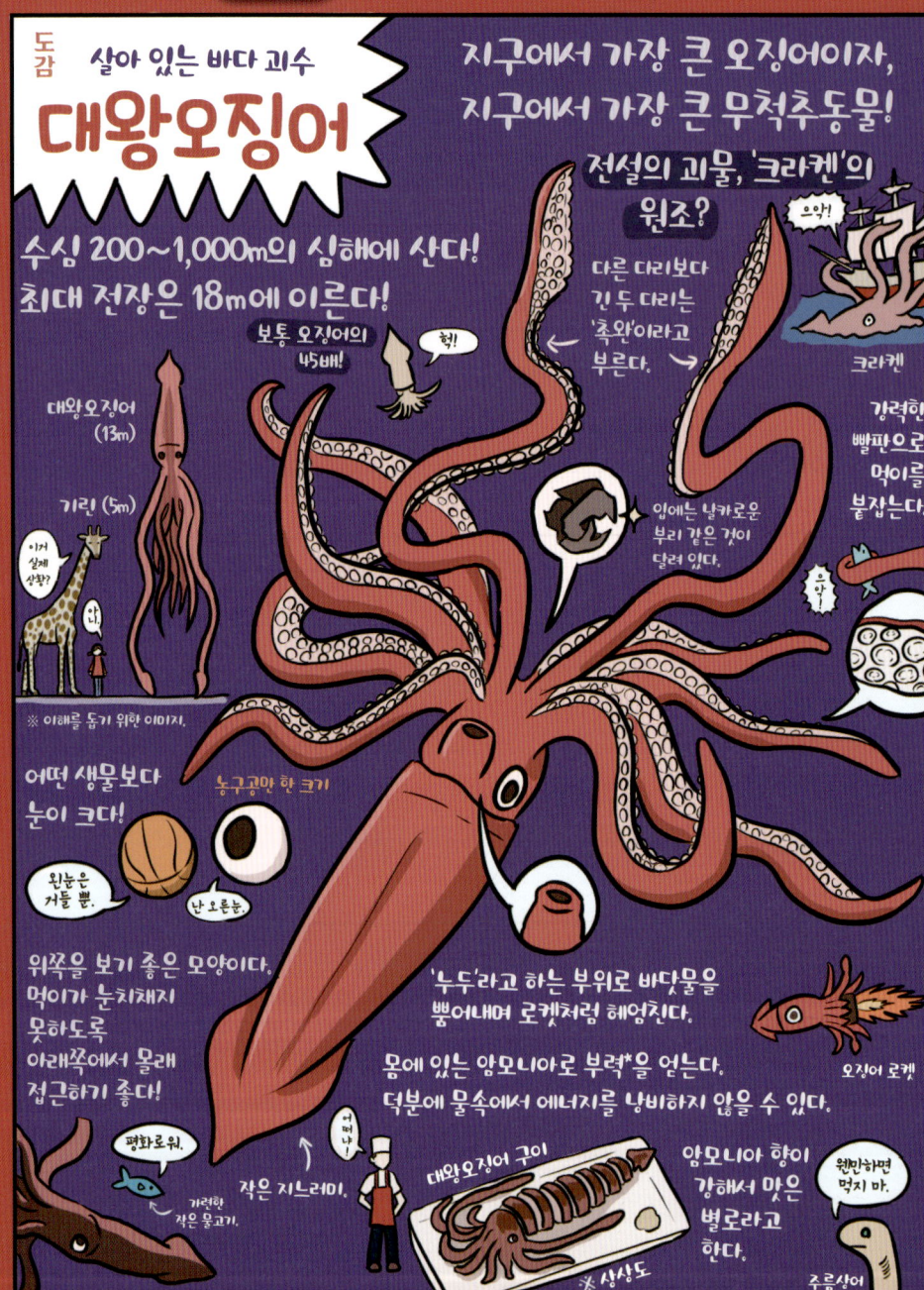

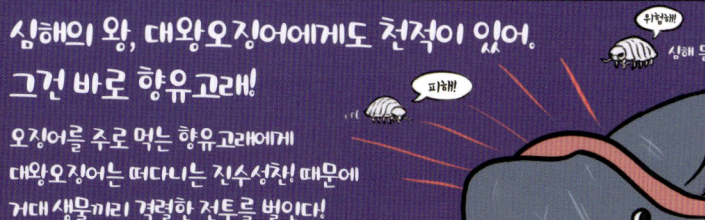

2 물에 사는 동물

도감 — 벌레의 왕
심해 등각류*

심해에 사는 불가사의한 거대 벌레! 75cm를 넘는 것도 발견되는 세계에서 가장 큰 '등각류'!

등각류는 머리와 7개로 나뉜 가슴, 5개로 나뉜 배로 이루어진 절지동물이다.

등각류 친구들
- 공벌레
- 쥐며느리
- 갯강구
- 〈나우시카〉'오무'

에일리언처럼 생긴 눈은 4,000개의 작은 눈이 모인 겹눈!

눈 안쪽에 있는 반사판으로 심해의 적은 빛도 잘 활용한다. 어두우면 눈이 빛난다!

공격당하면 몸을 둥글게 만다.

하지만 공벌레처럼 동그랗게 말지는 못한다.

고양이 눈도 빛나.
상어도 빛나. 주름상어 구조도 비슷하다.

해저에서 죽은 물고기를 먹기 때문에 '바다의 청소부'로 알려져 있다.

심해 등각류 청소기

위기에 빠지면 악취가 나는 액체를 토한다고 한다……

나도 먹을래! 먹지 마. 썩은 거야.

보통은 가만히 있지만, 급할 때는 '유영지'라는 지느러미처럼 생긴 부분을 이용해 배영을 한다.

사사삭 홀쭉한 배영!

몸을 뒤집지 않고 헤엄치기도 한다.

고양이도 배영 할 수 있어. 거짓말.

*이 장에서 다루는 심해 등각류는 바티노무스 기간테우스(*Bathynomus giganteus*)라는 종이다.

46

2월 14일은 무슨 날? 심해 등각류의 날!

일본 미에 현, 토바 수족관의 'No.1'이라는 심해 등각류는 웬일인지 5년 동안 아무것도 먹지 않아 굉장한 단식을 하는 심해 등각류로 뜨거운 주목을 받았지.

물고기를 줘도 먹지 않음.

그러던 2014년 2월 14일, No.1은 갑자기 돌아오지 못할 강을 건너 죽고 말았어.

위

당연히, 모두가 No.1이 굶어 죽었다고 생각했지. 그러나 No.1은 처음 수족관에 왔을 때부터 죽을 때까지 체중이 전혀 줄지 않았어. 결국 사육사가 위를 열어 보니 위 속에 수수께끼의 액체가 가득 차 있었다고 해.

그 액체에서는 효모 같은 균류가 발견되었어. 그 균들이 '먹지 않고 오래 사는' 심해 등각류의 특별한 체질과 깊은 관계가 있을 가능성이 높지. 만약 그 비밀을 알아낸다면 식량 부족이나 수명 연장 같은 인류의 여러 문제들이 자연스럽게 해결될 수도 있을 거야. 그러면 2월 14일은 분명 성스러운 심해 등각류 기념일이 되겠지.

찬양하라!

2 물에 사는 동물

칼럼 2 이 책에 싣고 싶었던 물에 사는 동물들

해마

말이 생각나는 독특한 생김새이지만, 실고깃과에 속하는 어엿한 물고기이다. 수컷이 임신해서 새끼를 낳는, 자연에서도 매우 드문 습성을 가지고 있다! 수컷의 배에는 '육아낭'이라는 주머니가 있어서 암컷이 이 주머니에 알을 낳는다. 수컷이 수정란을 갖고 다니며 키운 뒤 새끼 해마를 내보내는 광경은 어딘가 매우 환상적이다. 최대 2,000마리의 치어를 낳는 종류도 있다고 한다.

고래상어

세계에서 가장 큰 상어이자, 세계에서 가장 큰 물고기인 고래상어! 12m가 넘는 거대한 몸을 가진 상어이지만 느긋하게 움직이고 성격도 온순하다. 많은 물을 들이마신 뒤 플랑크톤 등을 여과해서 먹는다. 상어를 좋아하는 사람들이 정말 보고 싶어 하지만, 사람들 앞에 나타나는 일이 거의 없다. 그래서 고래상어의 생태는 아직도 많은 의문 속에 있다.

관해파리

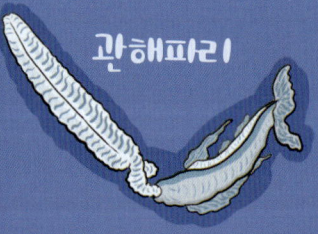

때로 큰 것은 몸길이가 3m에 달하는 커다란 해파리! 하지만 정확하게 말하면 해파리가 아니라, 히드라충이라고 불리는 작은 생물들이 모여서 생활하는 '군체 생물'이다. 상상을 초월할 정도로 모양새가 다양하지만 각각의 개체는 먹기, 수영, 생식, 방어 등 전문적인 역할을 하면서 서로 협력하며 살아간다. 이 세상에는 제각각 다른 생물이 모여 하나의 생물로 살아가는, 그런 이해하기 어려운 생명의 모습도 존재한다.

제 3 장
우리 주변의 동물

3 우리 주변의 동물

도감 우리 함께 영원히
닭

인류에게 가장 쓸모 있는 새! 경쟁자 없는 랭킹 1위!
한국에는 1억 6,200만 마리(2018년 통계),
전 세계에 214억 마리가 있다고 한다.
사람에게 가장 중요한 새! 그것이 바로 닭이다.

닭고기는 싸고 맛있고 영양도 듬뿍, 종교적으로 금기시 되는 일도 적은 엄청난 고스펙을 가진 새! 돼지고기를 제치고, 세계에서 가장 많이 소비되는 고기가 될 날도 머지않다.

한국) 꼬끼오 꼬꼬!
일본) 코케코코!
영국) 코카두들두!
프랑스) 코코리코!

사람과 닭은 8,000년에 걸쳐 길고 긴 인연을 맺어 왔다.

아침마다 정해진 시각에 큰 소리로 우는 습성이 있기 때문에 옛날 사람들의 삶에서 자명종 같은 역할을 했다. (아마도 기원전부터.)

5시!

닭의 조상은 '적색야계'라고 불리는 야생 새라고 생각된다.

오지마!

영역에 대한 집착이 강하다. 날카로운 발톱으로 날리는 발차기는 매우 위험! 옛날 사람들이 이렇게 다루기 힘든 흉포한 새를 왜 기르게 되었는지는 알 수 없지만, 아무튼 이때부터 모든 것이 시작된 것이다! (아마도)

새들 중 최강이라고 불릴 만큼 매우 날카로운 발톱.

1년에 300개 가까운 알을 낳는다! (백색레그혼의 경우.)
우리나라에서는 1년에 약 135억 개의 달걀이 생산된다. (2016년 통계)
달걀은 (닭고기 이상으로) 다양한 형태로 사람들의 식생활 구석구석에 스민, 이 세상에서 가장 중요한 먹을거리 중 하나이다.

현대인이 달걀을 먹지 않는 날은 아마 하루도 없을 것이다.

뭐? 닭의 조상이 흉포하다고? 무섭네.
돼지

너도 그래.

멧돼지

고마워해라.

병아리

콜로라도의 머리 없는 닭

1945년, 콜로라도의 한 농가에서 닭을 통째로 굽기 위해 닭의 머리를 잘랐어. 그런데 어찌 된 일인지, 그 닭은 머리를 잃은 뒤에도 비틀거리면서 계속 걸어 다녔다는 거야!

뭐라고?

게다가 그 닭은 다음 날이 됐는데도 살아 있었대! 머리 없는 닭은 '마이크'라는 이름까지 얻고 매우 유명해졌어.

라이프

머리 없는 닭 마이크

마이크는 목에 있는 구멍으로 직접 물과 먹이를 받아먹는 등(구경거리가 되기도 하면서) 주인의 정성스러운 보살핌을 받았어. 그러던 어느 날 목이 막혀서 죽고 말았지. 마이크는 목이 잘린 후에도 1년 반 동안 살아 있었어.

마이크가 머리 없이도 살아갈 수 있었던 이유는 무엇이었을까? 아마도 뇌가 있는 머리 뒷부분이 남아 있었기 때문일 거야. 어찌 되었든 엄청난 생명력을 갖고 있었다는 것은 분명하지.

생을 포기하지 않았던 마이크의 강한 의지에 경의를 표한다는 의미에서 그 지역에서는 마이크의 조각상을 세웠고, 매년 '머리 없는 닭 축제'가 열린다고 해!

콜로라도 주 프루타의 머리 없는 마이크 조각상. (멋있음)

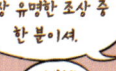
가장 유명한 조상 중 한 분이셔. 괴상해.

성스러운 조상 마이크 님!

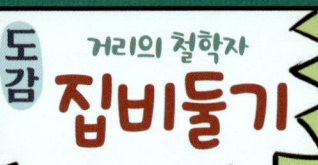

집비둘기
거리의 철학자

주로 도시에서 왕성하게 번식하는 비둘기! 전 세계에 2억 6,000만 마리나 있지만, 해마다 전체 비둘기의 35%가 죽는다!

깩! 도시에서 살아가는 일도 쉽지 않은 것이다. (굶어 죽거나 얼어 죽기도 하고, 때로는 천적인 고양이나 매에게 잡혀 먹히기도 한다.)

의외로 머리가 좋다. 자주 먹이를 주는 사람을 1km 밖에서도 구별할 수 있을 정도.

먹이 주는 사람! / 먹이! / 먹이 이동!

걷는 모습이나 옷차림, 얼굴 등 사람의 특징을 자세히 관찰하는 것이다.

내가 비둘기를 들여다보면 비둘기도 나를 들여다본다. — 니체

이런 말 안 했는데… 니체

비둘기는 멀리 떨어진 장소에서도 태어나고 자란 땅으로 '돌아오는 능력'이 있다!

이러한 능력을 '귀소 본능'이라고 한다.

태양이나 지구 자기를 이용한다는 설, 냄새에 의존한다는 설, 여러 학설이 있지만 그 원리는 알 수 없다.

비둘기는 '피전 밀크(Pigeon milk)'라는 영양이 가득한 액체를 새끼에게 먹여 키운다. 수컷과 암컷 모두 피전 밀크를 만들 수 있다!

모이에서 나온다.

비둘기 귀소 본능 이용 예시

소식 보내기 (전서구)

비둘기에게 편지를 묶어서 통신 수단으로 삼는다! 전쟁 중에 많은 생명을 구한 영웅 비둘기도 있다!

비둘기 레이스

어떤 비둘기가 가장 빨리 집으로 돌아오는지 순위를 매기는 진지한 대회이다!

또 새끼 비둘기는 동물 중에서 성장이 가장 빠르다.

황제펭귄 / 우리도. / 정말 놀라운 피전 밀크의 힘!

질문 코너! 니체 선생님께 물어보자!

Q: 비둘기는 왜 머리를 흔들면서 걸을까?

A (니체 선생님): 몰라! / 모른다구구!

머리를 앞뒤로 흔들면서 앞으로 걸어가는 비둘기만의 독특한 걷기 방법.

비둘기는 움직이는 풍경을 눈으로 좇기 위해서 머리를 흔들어!

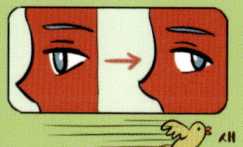

사람은 움직이는 물체나 경치를 볼 때 무의식적으로 눈을 움직이지.

(디지털카메라의 흔들림 방지 기능과 비슷한 자연스러운 눈의 반응이야.)

한편, 비둘기는 사람처럼 눈을 움직일 수 없기 때문에 눈이 아니라 머리를 움직여서 자연스럽게 시야를 안정시키는 거야.

올빼미가 눈 대신 얼굴의 방향을 돌려서 사물을 보는 이유와도 비슷해.

비둘기가 걷는 방법도 알고 보면 훌륭한 일인 거지.

니체 선생님이 이렇게 말할 정도였어.

> 비둘기의 걸음처럼 조용히 걸어오는 사상들이 세계를 이끈다.   니체

말한 적 없⋯. / 아니, 말한 적이, 앗, 말했다.

《차라투스트라는 이렇게 말했다》 제2부 '가장 고요한 시간'

책은 못 읽겠다!

오른쪽 다리 / 왼쪽 다리 / 머리를 쭉 뺀다. / 왼쪽 다리를 찬다. / 머리를 움츠린다. / 오른쪽 다리를 찬다.

이것을 반복하면서 앞으로 걸어간다.

53

 3 우리 주변의 동물

도감 — 이상하고 맛있는 **칠면조**

크리스마스나 추수 감사절처럼 기쁜 날 통째로 구워서 먹는 새로 유명하다!

가까스로 도망 나온 칠면조를 쫓아다닌다는 이야기가 담긴 어딘지 기분 나쁜 노래도 왠지 인기가 많다고 한다.

정말?

영어로 'Turkey'. 터키를 거쳐 전해진

호로새와 헷갈려서 터키라는 이름이 붙었다는 설이 있다.

혹은 칠면조를 영국에 전한 것이 터키인이라서 붙은 이름이라는 설도 있다.

미국에서는 추수 감사절에 대통령이 오븐으로 갈 뻔한 칠면조를 '사면'해 주는 별난 풍습이 있다.

칠면조는 머리에서 목까지 피부가 드러나 있는데, 이 피부가 기분에 따라서 여러 색으로 변한다! 그래서 '일곱 얼굴을 가진 새'라고도 한다.

너희 죄를 사한다.
무슨 죄?

번식기에는 공작처럼 날개를 펼친다.

크리스마스에 사람들이 즐겨 먹는 칠면조……

실제로도 '성스러운 밤'에 딱 맞는 신비한 비밀을 갖고 있다!

그 비밀이란……?

전혀 모르겠다.

죽은 고양이 주변을 빙글빙글 도는 이유를 알 수 없는 기이한 단체 행동이 발견된 적도 있다.

그 비밀이란! 칠면조가 암컷 혼자서 새끼를 낳을 수 있다는 거야!

(칠면조처럼) 유성 생식을 하는 생물 암컷이 어떤 이유에서인지 수컷과의 짝짓기 없이 새끼를 만드는 것을 **단성 생식**이라고 해. 그 이상하고 신비한 현상은 왠지 처녀인 성모 마리아가 크리스마스에 아기 예수를 낳은 것과 비슷하지 않아?

고귀한 탄생!

똑같이 취급하지 마!
예수

보통 난자는 수정을 통해서 아기로 자라나지만, 수정을 거치지 않고 새로운 생명이 태어나는 경우도 꽤 있다고 해.

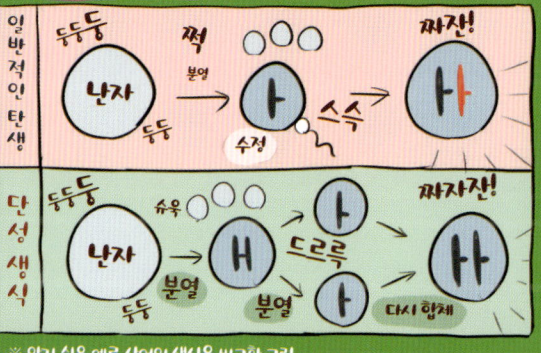

새(칠면조)
곤충(벌)
물고기(붕어, 상어)
양서류(도롱뇽)
파충류(코모도왕도마뱀)
등등 여러 가지 종이
단성 생식을 한다고.

대단하지?

※ 알기 쉬운 예로 상어의 생식을 비교한 그림.

포유류는 단성 생식이 불가능하다고 알려져 있지만, 최근 쥐의 (인위적인) 단성 생식에 성공했어!

2004년 도쿄에서 단성생식으로 태어난 쥐. 그 이름은 가구야*!

어쩌면 인간의 단성 생식도 더 이상 꿈이 아니게 될지 몰라. 칠면조는 그런 미래를 예감하게 만드는 신비한 생물인 거지. 그러니 올해 크리스마스에는 칠면조에게 감사하며 칠면조 대신 크리스마스 치킨을 먹기로 하자!

크리스마스에는 치킨!

너무한 거 아냐?

*가구야: 일본 전래 동화에 등장하는 달에서 온 선녀의 이름.

*고바야시 잇사: 일본의 시인.

비밀을 품은 박새의 문장

박새에게 문법을 다루는 능력이 있다는 것이 최근 연구를 통해 밝혀졌어!

박새는 단어를 의미하는 우는 소리를 조합해서 문장으로 의사소통을 한다고 해.

사람 이외의 다른 동물이 이런 언어 능력을 갖고 있다는 것은 정말 놀라운 일이야.

침팬지 같은 영장류에게서도 문장을 만드는 능력은 발견하지 못했거든.

박새는 "삐잇삐", "지지지지" 등의 새소리(단어)를 조합해서 의미 있는 문장을 만들어 낸다고 해.

예를 들어 "조심해라"와 "모여라"를 합치면 "조심해서 모여"라는 뜻이 되는 거야. (인공적인 음성에도 반응!)

삐잇삐 (조심해) + 지지지지 (모여라) → 조심해서 모여라!

좋아, 이해했다!

지지지지 (모여라) + 삐잇삐 (조심해) 뭐라고? ?
기계 박새

조합을 할 때는 특별한 '문법 규칙'이 있기 때문에 앞뒤 순서를 바꾸면 의미가 잘 전달되지 않아.

정말 이상한 일이지만, 완전히 다른 종인 사람과 박새가 수렴 진화(서로 다른 종류의 생물이 비슷한 기능을 갖고 진화한 것)를 한 것처럼 '문법'을 가지게 된 것은 굉장히 흥미로운 사실이야.

박새의 '언어'가 가진 비밀을 밝혀내는 일은 인간의 '언어를 다루는 능력'이 진화한 과정을 밝혀내는 것과도 관계가 있을 거야.

우리 주변의 다른 생물들도 박새처럼 아직 우리가 알지 못하는 많은 것을 숨기고 있을지 몰라.

어렵구나. 어느 것이 인간이고 어느 것이 원숭이인가? 박새

제대로 보려무나.

도감

하늘을 나는 불가사의 박쥐

포유류 중 유일하게 하늘을 나는 동물!
하늘다람쥐는 나는 것이 아니다. (바람을 이용해 천천히 떨어지는 것.)

하늘의 지배자 '조류'의 틈새에서 진화했다! (낮이 아니라 밤에 활동한다.)

새: 건방지네!

토끼박쥐

깃털이 아니라 펴고 접을 수 있는 비막을 이용해 난다.

통맘 삼식 피를 빨아 먹는 박쥐는 별로 없다.

옛날에는 박쥐를 '편복(蝙蝠)'이라고 불렀다. 한자 부수에 '벌레 충(虫)'이 들어간 것은 옛날 사람들이 박쥐가 새인지 짐승인지 잘 알지 못했기 때문이다! 아마도….

특수 기술

반향 정위 (Echolocation)

자신이 내보낸 초음파가 반사되어 돌아오는 것을 감지해서 먹이나 방해물을 탐지한다!
'소리로 세계를 보는 능력'

박쥐의 진화 과정은 아직 알 수 없는 부분이 많다.

정말 이상한 동물이 다 있네.

네가 할 말은 아냐.

창고: 반향 정위를 할 수 있는 생물

돌고래　고래　만화 속 조연　오리너구리

그들은 하늘을 날았다

박쥐는 어떻게 '비행 능력'을 갖게 된 걸까?

중생대*가 끝난 뒤 익룡은 멸종했고 조류의 세력도 줄어든 시대, 박쥐가 하늘을 날기 시작했다고 해. 하지만 박쥐가 날개를 가지게 된 과정에는 많은 수수께끼가 남아 있어.

그렇지만 원시 박쥐 '오니코닉테리스(Onychonycteris)' 화석이 발견되면서 박쥐의 진화에 관한 수수께끼를 풀 힌트를 많이 얻을 수 있었지!

화석으로부터 알아낸 것

- 박쥐의 조상은 나무 위에 살던 포유류였다.
- 처음에는 활공*과 날개를 파닥이는 것을 반복하며 날았다.
- 비행 → 반향 정위의 순서로 능력을 얻었다.

(오니코닉테리스는 골격 구조를 볼 때 반향 정위를 할 수 없었다고 해.)

'비행'과 '반향 정위'라는 엄청난 기술을 두 개나 얻은 박쥐는 폭발적으로 개체 수가 늘어났어!

곤충의 숫자가 엄청나게 늘어나기도 했고, 경쟁 상대가 적은 시대의 밤하늘에서 박쥐는 마음대로 골라 먹는 해적 같은 삶을 살 수 있었거든.

실제로 박쥐는 (종 수로 세면) 포유류 전체의 '5분의 1'을 차지할 만큼 다양한 종으로 발전했고, 땅 위에서 큰 세력을 키우게 되었어!

*중생대: 지금으로부터 약 2억 4,500만 년 전부터 약 6,500만 년 전까지의 시기.
*활공: 새와 같은 동물이 날개를 움직이지 않고 공기 속을 미끄러지듯 날아가는 것을 말한다.

도마뱀붙이 발바닥의 엄청난 비밀

Q 도마뱀붙이의 발바닥에는 빨판도 없고 점액도 없어. 그런데 어떻게 벽이나 천장을 걸을 수 있어?

A '판데르발스 힘'이라고 하는 원자* 사이에 작용하는 전기 힘을 이용해.

와우!

발가락 — 섬모 Seta (자세히 보면!) — 스패튤라 spatula (더 자세히 보면!) — 주걱처럼 생긴 가는 털.

'스패튤라'가 벽이나 천장의 원자를 끌어당기기 때문에 도마뱀붙이는 자유롭게 벽을 걸어 다닐 수 있는 거야!

매우 '약한 힘'이기 때문에 발을 아주 조금만 움직여도 쉽게 뗄 수 있어서 바로 움직일 수 있는 것도 큰 장점!

스패튤라 하나하나의 흡착력은 매우 약하지만 그 개수를 모두 합치면 약 20억 개! 그래서 도마뱀붙이의 몸무게 정도는 충분히 지탱할 수 있지. (발가락 하나로 천장에 매달릴 수 있다.)

도마뱀붙이 발바닥의 흡착력을 의료, 공업, 청소 같은 다양한 분야에서 응용하기 위해 많은 연구가 진행되고 있어.

(이러한 기술을 생체 모방 기술이라고 불러. ※ 도마뱀붙이 테이프가 개발되기도 했어.)

유리 벽을 오르는 도마뱀붙이 장갑 개발도 진행되고 있지! 이미 7m 정도는 올라갈 수 있다고 해.

도롱뇽 대단하다!

도마뱀붙이거든. 헷갈리지 마.

꿀꺽 꿀꺽

*원자: 물질을 구성하는 가장 작은 알갱이.

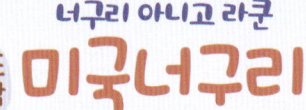

도시를 지배하는 야생의 영혼

미국이나 캐나다의 대도시에서 약삭빠르고 거칠게 살아온 미국너구리는 일본 환경에 적응해 그 수가 엄청나게 늘어났어.

자동차 타이어를 경계하며 어두운 곳을 달려가는 모습은 마치 고독한 도시의 사냥꾼 같다고 해.

위험천만한 미국너구리들

먹이는 주로 가정이나 길가 쓰레기통의 버려진 음식들! 미국너구리가 쓰레기에 접근하지 못하도록 쓰레기통을 잠그기도 했지만, 시행착오를 거듭한 끝에 뚜껑을 열고 마는 미국너구리까지 생겨났어.

혼자서도 풀 수 있는 재미있는 퍼즐(잠긴 쓰레기통)을 끌어안은 미국너구리.

맛있어!

식사 미국너구리.

라쿤금지

이제는 그냥 포기하고 미국너구리를 집으로 불러들여 먹이를 주는 사람도 있는 모양이야.

맛있어? 네!

얌전한 척 재롱부리는 미국너구리들.

사람들이 미국너구리에 대한 대책을 연구하면 할수록 미국너구리는 학습 능력을 발달시켜 점점 더 영리해지고 있어.

그렇게 거칠고 황량한 환경에서 살아남은 미국너구리! 언젠가 사람에게 당한 것을 되돌려 줄 날이 올지도 모른다는 소문이 있대! 믿거나 말거나!

미국너구리의 공격이다!

미래의 미국너구리.

칼럼 3   이 책에 싣고 싶었던 우리 주변의 동물들

시바

매우 사랑스럽고 순수한 모습과 주인에게 충성을 다하는 성격 때문에 최근 일부에서 인기를 끌고 있는 견종이다. 실제로 일본에서는 신석기 시대부터 아주 오랜 시간을 인간과 함께 지내 왔다. 함께한 긴 시간만큼 사람들이 안심할 수 있는 파트너가 바로 시바이다. 그런데! 시바가 '회색늑대'와 DNA가 가장 가깝다는 사실이 밝혀져 사람들에게 충격을 주었다! 어쩌면 시바는 귀여운 얼굴 뒤로 흥미로운 비밀들을 감추고 있는지 모른다.

굉장히 머리가 좋은 새이다. 우리 주변에서 늘 깍깍 우는 친숙한 검은 새, 까마귀. 그 영리함에도(혹은 너무 영리해서?) 인간에게 방해꾼 취급을 받곤 한다. 인간이 만들어 낸 도시는 까마귀에게도 매우 매력적인 공간이다. 그래서 까마귀도 이만큼 큰 세력을 갖게 됐을지 모른다. 보통 방법으로는 당할 수 없는 까마귀와 사귀어 갈 방법을 앞으로도 계속 찾아가도록 하자.

큰부리까마귀

너구리

옛날부터 우리 곁에서 생활해 온 포유류, 너구리! 여러 나라의 민화나 동요에 반복해서 등장하는 것만 보아도 너구리가 인간의 문화에 깊은 영향을 끼쳐 왔다는 것을 알 수 있다. 너구리는 우리에게는 이름이나 생김새 모두 익숙한 동물이지만, 사실 동아시아의 일부에서만 살고 있어 세계적으로는 굉장히 희귀한 동물이다. 해외 동물원에서 세계 3대 진귀한 동물로 꼽히는 '애기하마(피그미하마)'와 교환된 적이 있을 정도!

★★★★ 매우 희귀!

제 **4** 장

무서운(?) 동물

4 무서운(?) 동물

도감 — 달을 향해 짖어라! 늑대

세계에서 가장 큰 갯과 동물, 모든 개의 조상이다.

Q. 시바 조상도 늑대야?

A. 그렇다. 시바는 DNA상 늑대에 가장 가까운 개.

일반적으로 늑대라고 하면 회색늑대를 말한다. 그 외에도 많은 종류의 늑대가 있다.
(한반도 남쪽 지역에 살던 늑대 종류는 멸종했다고 알려져 있다.)

'고독한 한 마리 늑대'를 떠올리기 쉬운데, 그런 이미지와는 정반대로 목소리와 행동, 크게 짖는 소리로 의사소통을 하는 사회성 높은 동물이다!

날카로운 이빨과 발톱, 뛰어난 신체 능력과 체력을 모두 갖춘 최고의 사냥꾼이다.

무서워요. — 아기 돼지 삼 형제

멀리까지 들리도록 길게 우는 것은 영역 주장이나 친구를 찾기 위한 행동.

6~8마리 정도의 늑대가 무리를 이뤄서 사냥한다!

늑대 무리(Wolf pack)는 암컷과 수컷 한 쌍이 이끌고, 서열이 엄격하다.
거기에서 제외되면 떠돌아다니는 '외톨이 늑대'가 된다.

인간과 늑대의 역사는 길고 복잡하다.
서로 다른 문화 속에서도 사람들은 여러 신화와 전설, 옛날이야기에 늑대를 등장시켰다. 늑대는 사악한 존재부터 경외의 대상까지 다양한 모습으로 전해진다.

동화의 악역 / 로마를 건국한 로물루스와 레무스 형제

늑대인간

영화 <원령공주>

명대사: 시끄럽다, 꼬마!

질문 코너! 늑대에게 물어보자!

Q 늑대는 어쩌다 시바가 되었어?

A 시끄럽다, 시바!

늑대는 가축을 습격하는 등 먼 옛날부터 인간과 대립했던 동물이야. 이런 늑대가 어쩌다가 인간하고 가장 가까운 동반자인 '개'로 진화한 것일까?

약 3만 년 전 동아시아에서 처음으로 인류가 늑대를 기르기 시작했다는 이야기가 있어. 그러나 옛날 사람들이 늑대처럼 기질이 난폭하고, 고기도 맛이 없고, 먹이도 많이 먹어 효율이 좋지 않은 동물을 왜 기르려고 했는지는 여전히 알 수 없어.

그렇지만 오랜 시간이 흐르는 동안 늑대가 인간을 잘 따르는 '개'로 변해 갔고, 이에 따라 개(원래는 늑대)는 인간의 소중한 파트너가 되었어.

다 그런 거지, 뭐.

흉포했지만 닭이 됨.
흉포했지만 돼지가 됨.

지금도 야생의 늑대와 인간이 사이가 좋다고는 할 수 없지만, 새끼 늑대일 때부터 만났던 인간을 무리에 기꺼이 받아들이는 경우도 있다고 해.

역시 인간과 늑대 사이에는 특별한 '정'이 존재하고 있는지 몰라.

결국 돼지처럼 되는 거지.

시끄럽다, 돼지들!

받아들여.

가장 귀여운…… 괴물?

곰처럼 정반대의 이미지를 함께 가진 동물은 세상에 또 없을 거야.
'귀여운 마스코트'로 쓰이는 대표적인 동물이기도 하지만, 반대로 (특히 불곰은) 인간을 잡아먹는 '식인 맹수'라는 이미지도 강하지.
실제로 무서운 사고들이 일어나기도 하니까 어쩔 수 없는 면도 있지만……

그러나 불곰은 결코 피에 굶주린 살인 괴물이 아니라, 오히려 온순하고 신중한 성격을 가진 야생 동물이야.
곰이 서식하는 일본에서도 사람이 불곰에게 습격당해 죽는 사고는 1년에 한 번 정도 있을까 말까 하는 매우 드문 일이거든.
참고: 일본에서 1년 동안 벌에 물려 죽는 사람은 23명, 물에 빠져 죽는 사람은 235명.(2015년 통계)

불곰도, 특히나 인간처럼 두 발로 걸어 다니는 데다 못생기고 정체를 알 수 없는 생물을 상대하고 싶지는 않을 거야.

공포심과 깊은 매력을 함께 느끼게 하는 불곰.
이 이상한 동물과 공존해 가려면, 우선 곰을 만나지 않도록 신경 쓸 것!
만날 것 같은 상황이라면 곰 퇴치용 스프레이 등을 준비할 것!
만일 갑자기 튀어나와도 당황하지 말고 행동할 것!
하지만 무엇보다도 곰이라는 생물을 제대로 알려고 하는 자세가 가장 필요해.

곰과의 네 가지 약속
① 사람들끼리 모여서 행동하기로 해.
② 방울 소리를 내거나 손뼉을 쳐서 사람이 있다는 것을 알려 줘야 해.
③ 절대로 먹이를 주면 안 돼! (사람에게 가까이 가고 말아)
④ ③이 제일 중요!

야생의 삶, 고릴라

'실버백'(나이가 많아 등이 은백색 털로 뒤덮인 고릴라)이라는 수컷을 중심으로 여러 암컷, 수컷, 새끼 들이 10마리 정도 모여 무리를 만들어 생활해.

매일 나뭇가지나 풀을 모아서 침상(둥지)을 만들지. (맹수를 피하기 위해서인 듯) 새끼와 암컷은 나무 위에서, 수컷은 땅 위에서 잠을 자.

하루 30kg의 식사를 하는 고릴라는 주로 식물을 먹어!

근육질 몸인데 고기를 먹지 않아도 괜찮을까 걱정할 수도 있지만, 장 안의 박테리아가 식물 섬유에서 아미노산*을 합성할 수 있다고 해. 또 벌레(개미 등)를 먹는 것으로도 충분한 단백질을 얻을 수 있어. 과일도 아주 좋아하지.

바나나는 그다지 먹지 않아.

나는 먹어.

※ 아프리카에는 야생 바나나가 적다.

최대 천적은 의외로 표범!

총을 들었지♪

몰라보게 변한 표범.

새끼 고릴라뿐 아니라 힘이 센 어른 수컷 고릴라를 습격하기도!

그렇다고 해도 밀렵으로 많은 고릴라를 잡거나 죽이는 '위험 동물' 인간에 비하면, 표범은 큰 위협도 아니긴 해.

멸종 위기에 처한 고릴라를 구하기 위해서 앞으로 다양한 대책을 세워 나가야만 해.

머리를 쥐었지♪

앗!

*아미노산: 단백질을 구성하는 요소.

4 무서운(?) 동물

도감: 이렇게나 귀여워요
백상아리

우리가 아는 그대로 세상에서 가장 힘센 상어! 그 귀여운 매력을 소개할게!

삐릿삐릿 백상아리 레이더.
머리의 기관으로 먹이가 내보내는 생체 전류를 찾는다아리! 먹이를 끝까지 쫓아갈 수 있다아리!

콩콩하는 백상아리 코.
수백m 앞의 먹이 냄새를 맡을 수 있다아리! 피 냄새에는 몹시 흥분한다아리!

휘릭휘릭 백상아리 지느러미.
굉장히 빠른 속도로 헤엄치기 위한 지느러미!

상어 중에서도 매우 드문 초승달 모양 꼬리 귀여움 포인트!

오물오물 백상아리 이빨.
때로는 5cm가 넘게 자라는 커다랗고 귀여운 이빨이 오종종 늘어서 있다!

톱 모양 이빨로 먹이를 쓱싹쓱싹 잘라 먹는다. 오래된 이빨은 자꾸자꾸 새것이 나온다아리!

보들보들 백상아리 피부.
아주 작은 비늘이 물의 저항을 줄여 준다아리!

꿀꺽꿀꺽 백상아리 턱.
씹는 힘은 바다 생물 중 최강! 무려 1.8톤쯤 된다아리! (인간은 50kg.)

바다거북의 등딱지도 씹어 먹는다아리!

진짜냐?

백상아리, 절대 무섭지 않아요! (아마도)

무서운 상어라는 이미지로 널리 알려진 백상아리지만, 사람을 먹고 싶어서 습격하는 일은 거의 없어!

상어에 물려 죽는 사망자는 전 세계에서 한 해에 10명 정도.

사망자 수로만 본다면 상어보다도 훨씬 더 위험한 동물들!

※어림잡은 숫자 (한 해 기준)

코끼리 100명
하마 500명
악어 1,000명
개(광견병) 50,000명

위험해!

그 적고 적은 피해 사례 중 하나가 물놀이하는 사람을 먹이로 착각하는 바람에 습격해 버리는 일이야.

밥인가?

바다표범
바다거북

상어의 눈은 (코에 비하면) 별로 좋지 않기 때문에 사람도, 바다표범도, 바다거북도 다 똑같아 보이거든.

닮았다고 하면 닮았네.

역사적인 명작 영화 <죠스>가 너무 무서웠기 때문인지 백상아리는 마구 사냥당했고, 그 수가 확 줄어들고 말았다고……. 4억 년의 역사를 가진 상어라는 비밀에 싸인 아름다운 생물을 (무서워만 할 것이 아니라) 제대로 이해해야겠지?

죠스

전부 제 잘못입니다.

스필버그

나한테 연락해.

친구인 E모 씨

4 무서운(?) 동물

도감 — 바다의 난폭자 **곰치**

가늘고 긴 몸을 가진 장어에 가까운 종. 몸길이는 10cm에서 4m까지 다양하다. (보통 1m 정도.)

부릅뜬 눈과 험악한 표정은 절로 눈을 피하게 만든다! 벌레잡이통풀처럼 뭉툭하고 통통한 몸!

밤에 먹이를 찾으러 나간다.

곰치는 종류가 많고, 그 겉모습도 매우 다채롭다.
- 얼룩말곰치
- 알락곰치
- 눈송이곰치
- 새앙기곰치

벌레잡이통풀 — 벌레를 먹어.

육식성으로 물고기와 게를 잡아먹는다. 특히 문어를 아주 좋아한다.

잡혔….

그렇지만 방심하면 문어가 도망가 버리기도.

…다고 생각했지?

곰치를 잘라서 건조시켜 먹기도 한다.

오호! 맥주랑 잘 어울린다.

날카로운 이빨, 특이한 생김새 때문에 '바다의 난폭자'라고 불린다.

골골골 — 곰치의 〈대부〉 — 착한 아이로군.

새우나 작은 물고기가 입안을 청소해 주는 모습도 발견된다.

먹지 마세요. 이빨에 양보하세요.
빨리 해. / 안 먹어.
새우

74

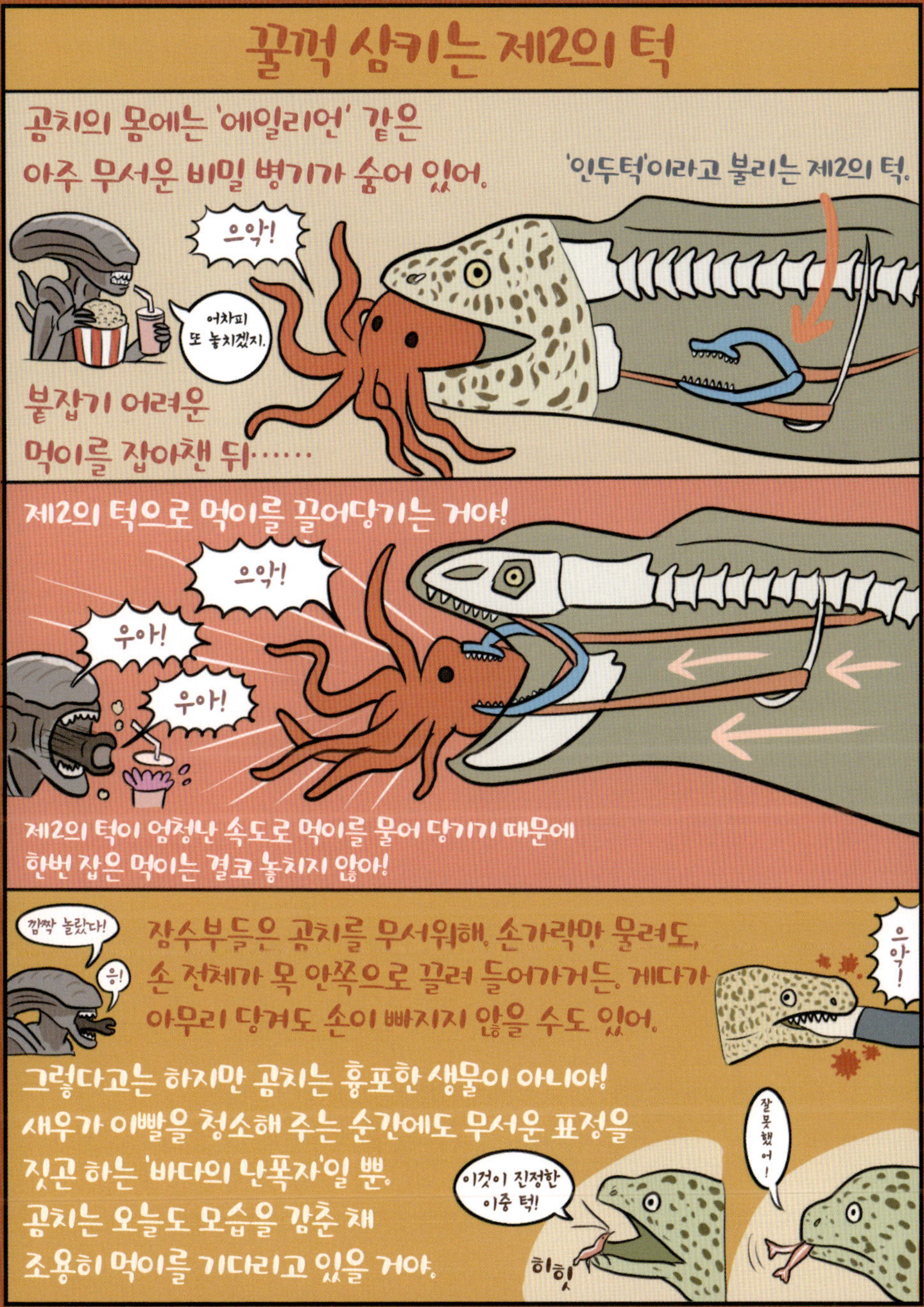

꿀꺽 삼키는 제2의 턱

곰치의 몸에는 '에일리언' 같은 아주 무서운 비밀 병기가 숨어 있어.

'인두턱'이라고 불리는 제2의 턱.

으악!

어차피 또 놓치겠지.

붙잡기 어려운 먹이를 잡아챈 뒤……

제2의 턱으로 먹이를 끌어당기는 거야!

으악!
우아!
우아!

제2의 턱이 엄청난 속도로 먹이를 물어 당기기 때문에 한번 잡은 먹이는 결코 놓치지 않아!

깜짝 놀랐다!
응!

잠수부들은 곰치를 무서워해. 손가락만 물려도, 손 전체가 목 안쪽으로 끌려 들어가거든. 게다가 아무리 당겨도 손이 빠지지 않을 수도 있어.

으악!

그렇다고는 하지만 곰치는 흉포한 생물이 아니야! 새우가 이빨을 청소해 주는 순간에도 무서운 표정을 짓곤 하는 '바다의 난폭자'일 뿐. 곰치는 오늘도 모습을 감춘 채 조용히 먹이를 기다리고 있을 거야.

이것이 진정한 이중 턱!
히힛
잘못했어!

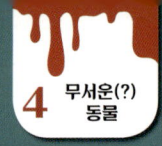

4 무서운(?) 동물

도감: 용이 산다! 코모도왕도마뱀

인도네시아 코모도 섬에 사는 세계에서 가장 큰 도마뱀! 전체 몸길이는 3m에 달한다.

'코모도드래곤'이라고도 부른다!

20세기 초까지 '인도네시아의 드래곤'이라는 전설의 생물로 알려져 있었다.

시속 20km로 달린다. (마라톤 선수의 세계 기록.)

엄마야!

주로 죽은 동물의 고기를 먹지만 사슴이나 돼지, 때로는 거대한 물소를 잡아먹기도. 아주 드물게 사람도 먹는다.

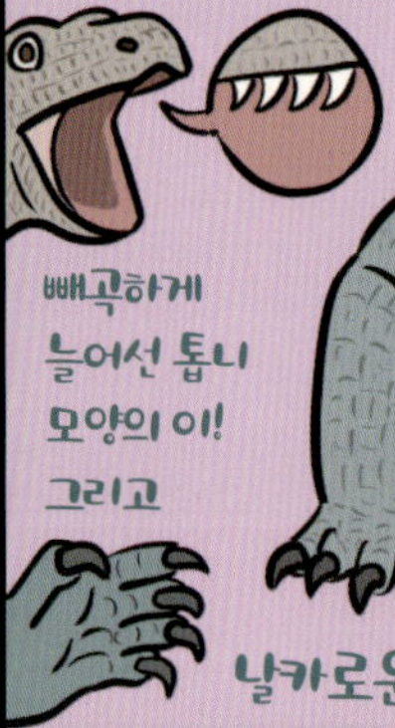

빼곡하게 늘어선 톱니 모양의 이! 그리고

날카로운 발톱으로 먹이를 찢어 버린다.

놀랍게도 암컷 혼자 새끼를 낳는 단성 생식을 한다!

(2006년 영국의 동물원에서) 이때 수컷만 태어났다.

웃차! 으랏차!

코모도왕도마뱀끼리의 싸움은 매우 치열하다!

이렇게 큰 파충류가 단성 생식을 하는 경우는 매우 드물다.

대단해! 너도 돼.

칠면조도 단성 생식 가능.

76

독을 가진 용

코모도왕도마뱀은 독이 있는 생물 중 세계에서 가장 커.

코모도왕도마뱀에게 물린 먹이는 힘이 빠져서 죽는 일이 많아. → 입안의 세균이 패혈증*을 일으키기 때문일 것이라고 오랫동안 생각해 왔지. → 그러나 실제로는 달랐어!

코모도왕도마뱀은 먹이를 물고, 혈액 응고*를 방해하는 독을 먹이의 몸속에 흘려 넣어. 이렇게 물린 동물은 피가 멈추지 않게 되지.

아래턱에 있는 5개의 '독샘'에서 독이 나온다.

한번 물리면 도망친다고 해도 느리든 빠르든 (피를 많이 흘리는 바람에) 숨이 끊어지고 말아. 그때 천천히 먹으면 되는 거야.

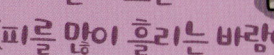

강력한 독으로 먹이를 죽이는 공포의 '독을 가진 용'! 그렇지만 최근 그 혈액 성분을 흉내 내어 만든 물질이 강한 항균* 작용을 한다는 사실이 발표되었어! (감염증 등에 잘 듣는다.)

공포의 대상인 동시에 우리에게 혜택을 주기도 하는 동물! 정말 '용'이란 이름에 걸맞은 동물인지도 몰라.

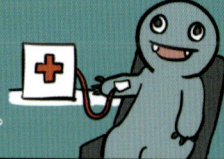

*패혈증: 미생물에 감염되어 나타나는 심각한 염증 증상.
*응고: 액체 같은 물질이 엉겨서 굳어지는 현상.
*항균: 세균에 저항함.

넙적부리황새는 움직이지 않는다

넙적부리황새는 움직이지 않는 새로 알려져 있어. 실제로 동물원에서 온종일 쳐다보아도 미동도 않고 보내는 시간이 대부분이지.

그러나 결코 게을러서 그러는 게 아니야. 넙적부리황새의 이런 행동(?)에는 이유가 있어. 폐어를 사냥하기 위해 가만히 기다리는 거야.

폐어는(아가미가 아니라) 폐로 숨 쉬는 물고기야.

따라서 몇 시간마다 밖으로 나와 숨을 쉬어야 해.

공기!

그 한순간을

넙적부리황새는 놓치지 않아!

으악!

폐어가 수면으로 올라오는 순간 재빨리 붙잡는 거지!

동물원에서 가만히 움직이지 않는 넙적부리황새도 어쩌면 무엇을 기다리고 있는지 몰라.

예를 들어 통째로 삼키기 좋은 먹이가 눈앞에 나타나는 일 말이야.

새끼 악어를 먹기도 한다.

으악!

엄마, 이 새 안 움직여요.

무서운(?) 동물

도감 벌거벗은 여왕 님과 하인들
벌거숭이두더지쥐

어두운 지하에서 단체로 생활하는 털 없는 이상한 동물!

몸길이 10cm 정도.

꺄악!

1주일에 5mm씩 계속 자라는 긴 이빨은 매우 민감하고 훌륭하다!

그런데 수명은 30년! 보통 쥐보다 10배나 오래 산다.

삐이? 뿌우. 별로야. 컨디션 어때?

17종류나 되는 울음소리로 의사소통을 한다.

앞발을 사용해서 커다란 이빨을 반짝 깨끗하게 손질한다.

으음

먹이는 덩이줄기*

덩이줄기 으악!

귀중한 덩이줄기를 찾아서 계속 땅을 파 나간다!

눈은 퇴화해서 거의 보이지 않지만 이빨의 예민한 감각을 통해서 바깥세상을 확인한다.

공기가 부족하면 가사 상태*에 빠진다! 공기 없이 18분이나 생존할 수 있다고 한다.

공기

벌거숭이두더지쥐는 이빨로 세계를 보는 것이다!

두더지 굴 길이는 3km에 이른다!

덩이줄기 화산

흙을 세차게 뿜어내기 때문에 '화산'이라고 불리는 구멍

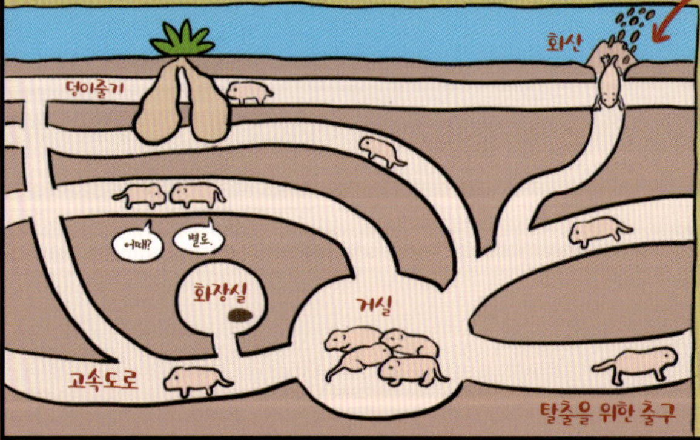

어때? 별로.

화장실 거실

고속도로 탈출을 위한 출구

'고속도로'에 해당하는 긴 통로를 통해서 식사나 잠자기 등을 위한 여러 방을 만든다.

야!

화장실에서는 무리의 신호가 되는 냄새를 공유한다.

*덩이줄기: 감자나 토란처럼 땅속의 식물 줄기가 양분을 저장하기 위해 덩이 모양으로 팽창한 것.
*가사 상태: 신체 기능을 약화시켜 죽은 것처럼 보이는 상태.

맨몸에서 왕으로, 왕좌의 게임

새끼를 낳는 '여왕'과 번식을 할 수 없는 개체가 사회생활을 하는 것(벌이나 개미처럼)을 '진사회성'이라고 해. 벌거숭이두더지쥐는 진사회성을 가진 보기 드문 포유류야. 여왕을 꼭대기에 둔 피라미드 모양 계급을 가진 평균 80마리(최대 300마리)의 벌거숭이두더지쥐가 모여서 생활해.

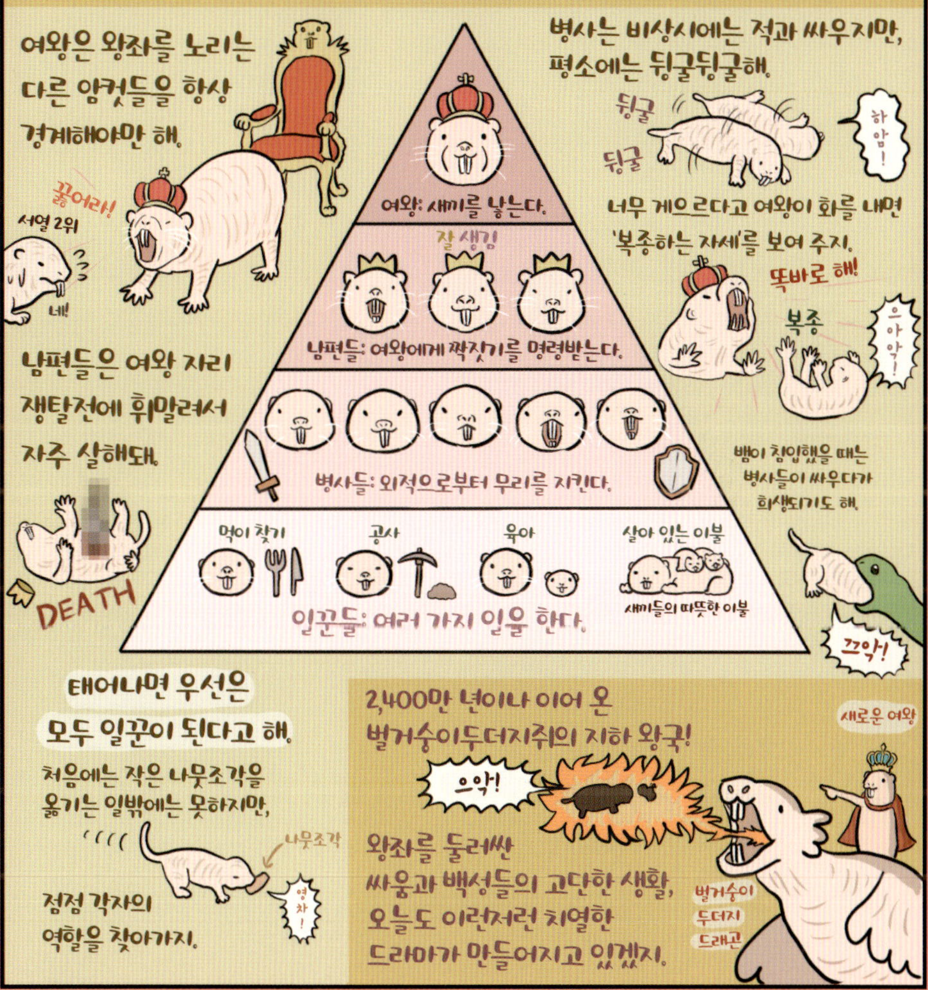

여왕은 왕좌를 노리는 다른 암컷들을 항상 경계해야만 해.

꿇어라!
서열 2위
네!

남편들은 여왕 자리 쟁탈전에 휘말려서 자주 살해돼.

DEATH

병사는 비상시에는 적과 싸우지만, 평소에는 뒹굴뒹굴해.
뒹굴
뒹굴
하암!

너무 게으르다고 여왕이 화를 내면 '복종하는 자세'를 보여 주지.
똑바로 해!
복종
으아악!

뱀이 침입했을 때는 병사들이 싸우다가 희생되기도 해.
끄악!

여왕: 새끼를 낳는다.
잘생김
남편들: 여왕에게 짝짓기를 명령받는다.
병사들: 외적으로부터 무리를 지킨다.
먹이 찾기 / 공사 / 육아 / 살아 있는 이불
새끼들의 따뜻한 이불
일꾼들: 여러 가지 일을 한다.

태어나면 우선은 모두 일꾼이 된다고 해.

처음에는 작은 나무조각을 옮기는 일밖에는 못하지만,
나무조각
엉차!

점점 각자의 역할을 찾아가지.

2,400만 년이나 이어 온 벌거숭이두더지쥐의 지하 왕국!
으악!
왕좌를 둘러싼 싸움과 백성들의 고단한 생활, 오늘도 이런저런 치열한 드라마가 만들어지고 있겠지.

새로운 여왕
벌거숭이 두더지 드래곤

칼럼 4   **이 책에 싣고 싶었던 무서운(?) 동물들**

화식조

열대의 대지를 돌아다니는 거대하고 괴상한 새, 화식조! 세계에서 가장 위험한 새로 알려져 있다.
날카로운 발톱이 달린 크고 강인한 다리로 날리는 발차기는 강력하다! 새 중에서 타조 다음으로 무거운 새. 게다가 시속 40km에 달하는 스피드! 화식조가 습격하면 치명상을 입을 수도 있다. 태고의 공룡을 연상시키는 볏 등 거칠고 야성적인 모습이 만들어 내는 독특한 매력을 풍긴다.

유유자적한 이미지 뒤, '아프리카에서 가장 무서운 동물' 이라는 별명은 결코 과장된 것이 아니다.
위험한 매력이 가득한 대형 포유류!
3톤이나 되는 거대한 몸집과 강인한 턱을 가진 데다, 시속 30km로 빨리 달릴 수도 있는, 그야말로 힘과 속도를 겸비한 가장 강력한 맹수이다. 먼 옛날부터 하마는 아프리카 대지의 진정한 왕자로서 군림해 왔던 것이다.

하마

모기

'인간을 죽인 숫자'로 이야기한다면 앞에서 소개한 위험한 동물들이 죽인 사람 수를 모두 더해도 이 작은 곤충을 이길 수 없다. 모기가 옮기는 전염병으로 사망하는 사람의 수는 헤아릴 수 없을 정도. (연간 72만 명으로 추측) 가장 치명적인 동물 중 하나라고 말할 수 있다!
'앵'하는 날개 소리를 들으면 화가 날 정도로 불쾌해지는데, 병원균을 옮기는 모기의 날갯짓 소리를 '위험 신호'로 인식해 조심하도록 인간의 귀가 진화했다는 설도 있다. 그렇게 오랫동안 인간과 모기는 함께 살아왔던 것이다.

제 5 장
이상한 벌레

5 이상한 벌레

도감 우아한 좀비 마스터
에메랄드는쟁이벌

남아시아와 아프리카 등 열대 지역에 서식하는 벌!

'보석벌(Jewel wasp)'이라고도 불리는 에메랄드색으로 빛나는 매우 아름다운 벌이다.

침은 암컷만 갖고 있다.

몸길이는 2cm.

우리나라에는 3종류의 는쟁이벌이 산다. (는쟁이벌, 왜는쟁이벌, 사토오는쟁이벌)

알아 둬!

는쟁이벌 / 일본의 는쟁이벌

'바퀴벌레를 사냥한대'라고 알려져 있었는데, 알고 보니!

위험한 죽음 / 위험해!

특수한 독을 써서 바퀴벌레를 좀비로 만든 것이었다!

귀엽지! / 나는 바퀴벌레! / 하늘도 날 수 있지요 / 뿅 뿅
이질바퀴 (실제 모습과 매우 다릅니다.)

으악! / 최초의 한 방! / 푸욱
먼저 몸을 마비시키는 독을 주입!

으...아...
바퀴벌레가 맞이할 운명은 과연?

도감 - 가장 작은 침략자 **붉은불개미**

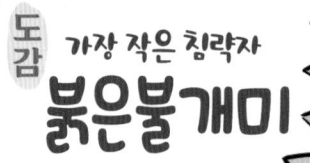

남미가 고향인 강력한 독을 가진 개미! 2017년 9월 부산항에서 처음으로 우리나라 침입이 확인된 외래종이다.

영어로는 'Fire Ant'.

불타는 개미!

독침에 찔리면 화상처럼 격렬한 통증이 온다는 데서 유래한 이름이다.

몸길이는 2.5~6mm로 꽤 다양하다. 몸은 적갈색.

볼록한 천장을 가진 개미집을 만든다.

"산인가?"

"이얍!" "푹" "꺄악!"

몇 번이나 반복해서 찌르는 일이 많다.

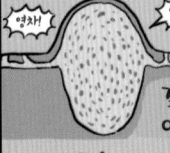
"영차!" "영차!"
높이 90cm, 깊이 180cm에 이른다!

독침이 보이지 않는 경우도 있다.

개미집 하나에 사는 개미 수는 수십만 마리!

떼를 이루어서 뗏목을 만들기도 한다!

"꽉!" "꽉!" "꽉!" "으악!"

최고의 팀워크! 개미집이 공격당하면 모두 힘을 모아서 반격하므로 개미집을 발견해도 절대로 만져서는 안 된다!

영화 <앤트맨>에서는 (위험할 때) 의지할 만한 동료로 활약했다.

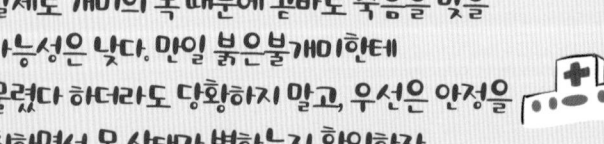
"다 덤벼!"

'살인 개미'라는 별명을 가진 개미이지만, 실제로 개미의 독 때문에 곧바로 죽음을 맞을 가능성은 낮다. 만일 붉은불개미한테 물렸다 하더라도 당황하지 말고, 우선은 안정을 취하면서 몸 상태가 변하는지 확인하자. 상태가 갑자기 나빠진다면 빨리 병원에 가야한다!

하지 마요, 붉은불개미

붉은불개미가 문제가 되는 건 독 때문만은 아니야. 붉은불개미는 전기에 끌리는 성질이 있기 때문에 전기 설비에 침입 → 화재를 일으키거든. 미국에서는 매년 7억 달러나 되는 경제적인 피해가 발생한대.

또 곤충이나 작은 동물을 무자비하게 공격해서 생태계에 심각한 영향을 미친다고 해. 붉은불개미가 환경에 한번 적응하면 그 피해는 셀 수 없을 정도야.

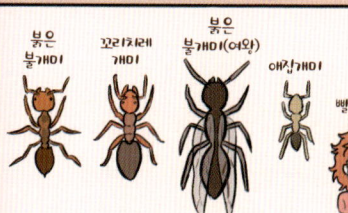

그러나 붉은불개미를 구별하는 것은 비전문가에게는 정말 어려운 일이야! 토종 개미(원래 우리나라에 살던 개미)가 붉은불개미와 비슷하게 생겼기 때문이지.

토종 개미는 외래종의 침입을 막아 줘. 붉은불개미가 두렵다고 해서 토종 개미까지 죽인다면, 오히려 붉은불개미가 확산될 수 있지. 붉은불개미를 죽일 때는 신중해야만 해.

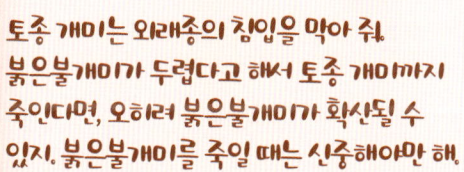

지금도 전문가들은 붉은불개미의 침공을 미리 막기 위해 노력하고 있어. (따라서 현재 일반 사람들이 붉은불개미를 만날 가능성은 매우 낮지.) 경계는 해야 하지만 붉은불개미를 과도하게 겁낼 필요는 없어. 우선은 붉은불개미의 생태를 제대로 이해하는 것이 필요해.

농림축산검역본부
※ 어디까지나 이미지.

완보동물과 우주

완보동물은 주위가 건조해지면 나무통 같은 모양으로 변해서 '크립토비오시스(Cryptobiosis)'라고 하는 가사 상태가 돼!

모든 대사가 멈춰 장기 생존이 가능해져.

크립토비오시스는 '숨겨진 생명'이라는 뜻이야.

물을 주면 생생하게 부활! 9년이 지난 뒤에 되살아난 예도 있다.

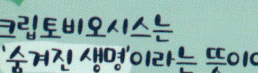

한때 유행한 시몽키(Sea-Monkeys)는 아르테미아라는 갑각류의 크립토비오시스 상태.

가사 상태가 된 완보동물은……

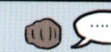

| 150도의 고온을 견딜 수 있어! | 절대 영도를 견딜 수 있어! (영하 273도) | 7만 5,000기압의 고압을 견딜 수 있어! | 방사선을 견딜 수 있어! (인간 치사량의 1,000배) |

세계에서 제일 깊은 마리아나 해구의 수압이 1,000기압.

인류 멸망 후의 세계.

※ 물고기는 살지 못한다.

이러한 환경에서도 살아남는 '변함없는 튼튼함'이야말로 완보동물을 '지구 최강의 생명체'라고 부르는 이유야.

가사 상태의 완보동물이라면 초저온, 무중력, 무산소 상태인 우주를 여행할 수 있을지 몰라.

실제로 우주 공간에 10일 동안 있다가 부활한 적도 있다.

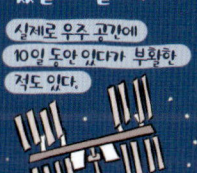

만약 도착한 별에 물과 박테리아가 있다면 부화해서 살아갈 가능성도 있지. (실제로 화성에서 생존 가능하다는 설도 있다.)

어쩌면 이미 완보동물 같은 우주 생명체가 어딘가에서 살아가고 있을지도 몰라.

우주 완보동물

맺음말

마지막까지 읽어 주셔서 고맙습니다. 재미있었나요? 앗, "최고로 재밌었다!"라고요? "다음 작품도 꼭 읽고 싶어요!"라고요? "50억을 줄게요!"라고 하셨나요? 정말이신가요? 야호! 우아!

뻔하고 뻔한 답례 인사지만, 먼저 독자 여러분께 감사의 말을 전하고 싶습니다. 재미있는 동물도감이 여기저기 넘쳐 나는 시대에 일부러 이상한 동물들을 다룬 제 책을 골라 주셔서 정말 감격에 감격, 또 감격 중입니다! 특히 SNS에서 항상 저를 응원해 주셨던 분들도 정말 고맙습니다! 여러분의 생생한 반응이 없었다면, 이 책이 세상에 나오는 일은 없었을 것입니다. 앞으로도 다양한 활동을 계속해 나갈 거니까, 잘 부탁드립니다. 이 책으로 저를 처음 알게 된 분이 계시다면 트위터 아이디 @numagasa를 팔로우해 주세요. 이렇게 만난 것도 분명 인연일 테니까요!

그리고 전문가도 아닌 제가 그린 이 책을 기꺼이 감수해 주신 나카타 켄스케 선생님께도 감사의 말을 드리고 싶습니다. 동물의 종류가 지나치게 다양해서 까다로울 수 있었는데도 정성껏 감수해 주셨습니다. 생물학은 매일 새로운 정보가 엄청난 속도로 들어오는 분야라서 꼼꼼하게 검증하기 정말 힘드셨을 거예요. 저자인 저는 부족한 사람이지만, 적어도 이 책에 틀린 내용은 없을 것이라며 안심하고 세상에 내보낼 수 있었던 것은 모두 다 나카타 선생님 덕분입니다. 정성스럽게 감수해 주셔서 정말 고맙습니다.

저를 격려해 주시면서 함께 이 책을 만들어 주신 고분샤 출판사의 스다 나쓰키 씨, 멋진 표지를 선보여 주신 디자이너 분들, 교열해 주신 분들, 참고 문헌의 집필자 여러분들, 항상 대충대충 살았던 저를 지지해 준 가족과 친구들에게도 감사의 말을 전하고 싶습니다.

그리고 마지막으로 저희 집 근처 연못에 와 주시는 아름다운 물총새 님에게도 마음을 담아 감사와 존경을 보냅니다. 어느 날 오후, 두 마리의 물총새 님이 연못 주변에 다정하게 앉아 있는 모습을 보여 주신 덕분에 이 도감 시리즈를 시작할 수 있었습니다. (정말로 책을 내게 될 줄은 생각도 못했지만…….) 부디 앞으로도 행운의 파랑새처럼 저를 계속 지켜봐 주실…… 정도로 물총새 님이 여유가 있을 거라고는 생각하지 않지만……. 마음속 깊은 곳에서부터 사랑의 마음을 전합니다. 아자!

그럼 이 정도로 마무리하겠습니다. 마지막까지 이 책에 애정을 가져 주셔서 고맙습니다. 이 넓고 이상한 생물의 세계 한 구석에서 또 다시 뵐 수 있기를 바랍니다!

누마가사 와타리

참고 문헌

서적

- 《곤충은 대단해》, 마루야마 무네토시, 까치, 2015.
- 《문어의 영혼 – 경이로운 의식의 세계로 떠나는 희한한 탐험》, 사이 몽고메리, 글항아리, 2017.
- 《새의 감각》, 팀 버케드 글, 커트리나 밴 그라우 그림, 에이도스, 2015.
- 《펭귄의 사생활》, 와타나베 유키, 니케북스, 2017.
- 《Beastly Menagerie: Sir Pilkington-Smythe's Marvelous Collection of Strange and Unusual Creatures》, Sir Pilkington-Smythe, Globe Pequot Pr, 2010.
- 《The Encyclopedia of Sharks》, Steve Parker, Firefly Books, 2008.
- 《The Gecko's Foot: Bio-inspiration: Engineering New Materials from Nature》, Peter Forbes, WW Norton&Co Inc, 2006.
- 《Octopus! The Most Mysterious Creature in the Sea》, Katherine Harmon Courage, Penguin Group USA, 2013.
- 《Owl》, Desmond Morris, Reaktion Books, 2009.
- 《Penguins: Their World Their Ways》, Mark Jones, Tui De Roy, A&C Black, 2013.
- 《Polar Bears : A Complete Guide to Their Biology and Behavior》, Andrew E. Derocher, The Johns Hopkins University Press, 2012.
- 《Venomous: How Earth's Deadliest Creatures Mastered Biochemistry》, Christie Wilcox, Scientific American, 2016.
- 《うなぎ 一億年の謎を追う》, 塚本 勝巳, 学研教育出版, 2014.

- 《ウナギ 大回遊の謎》, 塚本 勝巳, PHP研究所 , 2012.
- 《海のハンター展 公式図録》.
- 《学研の図鑑 LIVE 危険生物》, 学研, 2015.
- 《学研の図鑑 LIVE 昆虫》, 学研, 2014.
- 《学研の図鑑 LIVE 魚》, 学研, 2015.
- 《学研の図鑑 LIVE 動物》, 学研, 2014.
- 《学研の図鑑 LIVE 鳥》, 学研, 2014.
- 《熊のことは熊に訊け。ヒトが変えた現代のクマ》, 岩井 基樹, つり人社, 2010.
- 《クマムシ?! 小さな怪物》, 鈴木 忠, 岩波科学ライブラリー, 2006.
- 《クラゲのふしぎ(知りたい★サイエンス)》, jfish, 技術評論社, 2006.
- 《ゴリラ 第2版》, 山極 寿一, 東京大学出版会, 2015.
- 《昆虫はすごい》, 丸山 宗利, 光文社新書, 2014.
- 《昆虫はもっとすごい》, 丸山 宗利・養老 孟司・中瀬 悠太, 光文社新書, 2015.
- 《視覚でとらえるサイエンス生物図録 改訂版》, 数研出版編集部, 数研出版, 2007.
- 《深海展2017 公式図録》.
- 《すごい動物学》, 新宅 広二, 長岡書店, 2015.
- 《ドキュメント 深海の超巨大イカを追え!》, NHKスペシャル深海プロジェクト取材班, 坂元 志歩, 光文社新書, 2013.
- 《鳥ってすごい!》, 樋口 広芳, ヤマケイ新書, 2016.
- 《National Geographic》2012年 2月号, '犬の遺伝子を科学する', 日経ナショナルジオグラフィック社, 2012.
- 《日経Science》2009年 5月号, 'コウモリへの飛翔', 日本経済新聞出版社, 2009.
- 《ニワトリ 愛を独り占めにした鳥》, 遠藤 秀紀, 光文社新書, 2014.
- 《ハエトリグモハンドブック》, 須黒 達巳, 文一総合出版, 2017.
- 《ハダカデバネズミ 女王・兵隊・ふとん係》, 吉田 重人・岡ノ谷 一夫, 岩波科学ライブラリー, 2008.
- 《ハトはなぜ首を振って歩くのか》, 藤田 祐樹, 岩波科学ライブラリー, 2015.
- 《ペンギンガイドブック》, 藤原 幸一, 阪急コミュニケーションズ, 2002.
- 《ペンギンが教えてくれた物理のはなし》, 渡辺 佑基, 河出書房新社, 2014.
- 《ペンギンのABC》, ペンギン基金, 河出書房新社, 2007.
- 《世にも美しいハエトリグモ》, 須黒 達巳, ナツメ社, 2016.
- 《世の中への扉 おどろきのスズメバチ》, 中村 雅雄, 講談社, 2013.

영상

- 《아프리카》, BBC, 2013. · 《불곰의 나라―도시생활과 진화》, 캐나다, 2011.
- 《황제펭귄》, 프랑스, 2005. · 《상어》, BBC, 2015.
- 《잠입! 스파이 카메라~펭귄 극진의 자식 사랑》, BBC, 2013.
- 《지구 드라마틱-의외로 알려지지 않은 비둘기 이야기》, 캐나다, 2014.
- 《데이비드 아텐버러-자연의 신비》, BBC, 2013.
- 《네이처》, 2014. · 《플래닛 어스》, BBC, 2006. · 《프로즌 플래닛》, BBC, 2011.
- 《라이프 생명이라는 기적》, BBC, 2009.
- 《The Unnatural History of the Kakapo》, 2009.
- 《Kills With One Bite》, National Geographic, 2008.

WEB

- 《《에어리언》의 '두 개의 턱'은 실재했다?!》, AFP
  http://www.afpbb.com/artIcles/−/2277762?pid=
- 〈STOP 붉은불개미〉, 일본 환경청
  https://www.env.go.jp/nature/intro/4document/files/r_fireant.pdf
- 〈붉은불개미에 관한 FAQ〉, JIUSSI
  https://sites.google.com/site/iussijapan/fireant
- 〈효고 현 아마카사키 시 및 고베 시에서 발견된 붉은불개미에 대해서 (해설)〉, 일본 효고 현립 인간과 자연박물관
  http://www.hitohaku.jp/exhibition/planing/solenopsis2.html
- 〈복병 붉은개복치의 역습〉, 일본 내셔널지오그래픽
  http://natgeo.nikkeibp.co.jp/nng/article/20150204/434322/061200005/
- 〈문법을 다룰 수 있는 박새는 처음 들은 문장도 바르게 이해할 수 있다〉, 일본 교토대학
  http://www.kyoto-u.ac.jp/ja/research/research_results/2017/170728_1.html
- 〈Confirmed Megamouth Shark Sightings〉, Florida Museum
  https://floridamuseum.ufl.edu/fish/discover/sharks/megamouths/reported-sightings
- 〈Behold: The Beauty of the Naked Mole Rat〉, CUTER THAN E.COLI
  https://cuterthanecoli.wordpress.com/2012/03/08/behold-the-beauty-of-the-naked-mole-rat/
- 〈Family Ties: Barn Owl Chicks Let Their Hungry Siblings Eat First〉, Audubon
  http://www.audubon.org/news/family-ties-barn-owl-chicks-let-their-hugry-siblings-eat-first
- 〈The chicken that lived for 18 months without a head〉, BBC
  http://www.bbc.com/news/magazine-34198390

지은이 누마가사 와타리

일본에서 활발하게 활동하고 있는 일러스트레이터입니다. 2016년부터 물에 사는 동물들과 새들을 다룬 동물도감을 인터넷에 공개하면서 큰 인기를 얻었습니다. 지금도 동물뿐 아니라, 영화나 드라마, 다큐멘터리, 애니메이션 등을 소재로 재치 있는 글과 유쾌한 그림들을 꾸준히 발표하며 많은 사랑을 받고 있습니다. Twitter 계정:@numagasa

옮긴이 신은주

한국외국어대학교 일본어과를 졸업한 뒤 전문번역가로 활동하고 있으며, 번역가 모임인 '바른 번역' 회원이자 '왓북' 운영자입니다. 옮긴 책으로 《따로 또 같이》《우아, 똥이 나왔어요》《풀지 않고 읽는 수학》《너의 집 나의 집》들이 있습니다.

감수 황보연

경희대학교에서 조류학 및 동물행동학으로 박사 학위를 받았습니다. 국립공원에서 멸종 위기에 처한 동물을 연구하고, 보호하는 일을 하고 있습니다. 지은 책으로 《우리 숲의 딱따구리》《숲속 동물들이 사라졌어요》《재미있는 동물이야기》들이 있습니다.

충/격/주/의
왠지 이상한 동물도감

지은이 누마가사 와타리 | 옮긴이 신은주 | 감수 황보연

펴낸날 2018년 9월 20일 초판 1쇄, 2025년 8월 1일 초판 14쇄
펴낸이 신광수 | **출판사업본부장** 강윤구 | **출판개발실장** 위귀영
아동인문파트 김희선, 설예지, 이현지
출판디자인팀 최진아, 박남희 | **출판기획팀** 정승재, 김마이, 이아람, 전지현
출판사업팀 이용복, 민현기, 우광일, 김선영, 이강원, 허성배, 정유, 정슬기, 정재욱, 박세화, 김종민, 정영묵
출판지원파트 이형배, 이주연, 이우성, 전효정, 장현우
펴낸곳 (주)미래엔 | **출판등록** 1950년 11월 1일 제16-67호
주소 서울특별시 서초구 신반포로 321
전화 미래엔 고객센터 1800-8890 팩스 541-8249 | **홈페이지** www.mirae-n.com

ISBN 979-11-6233-755-4 73490

책값은 뒤표지에 있습니다.
파본은 구입처에서 교환해 드리며, 관련 법령에 따라 환불해 드립니다. 다만, 제품 훼손 시 환불이 불가능합니다.

KC 마크는 이 제품이 공통안전기준에 적합하였음을 의미합니다.
사용 연령: 8세 이상